# 智慧职场
## 企业文化落地策略与技巧

方奕 著

## 内容简介

本书采用纵、横坐标模式，纵向设计四大企业文化子系统，即企业文化识别系统、企业文化传播系统、企业文化管理系统、企业文化评价系统；横向采用六个维度（特色设计、文化培训、完善保障、沟通畅通、媒体公关和考核评价）进行具体论述。本书提供了企业文化建设系统化的框架图谱和一张画布。读者可以通过图谱和画布快速厘清本书的体系。本书同时设计了一些特色实用的模块，包括对标案例、方案范例、文书范例和实践范例，以及流程、权责、标准、调研问卷、测评量表和模型设计等，供读者选用。

本书既适合国有企业、民营公司、初创公司等的管理者、HR和现职企业文化落地相关人员阅读、使用，也能够满足高校、职业院校教师和学生的学习参考，还可以作为企业文化咨询顾问项目成果输出的借鉴。

## 图书在版编目（CIP）数据

智慧职场：企业文化落地策略与技巧/方奕著. —北京：化学工业出版社，2021.5
ISBN 978-7-122-38649-6

Ⅰ.①智⋯ Ⅱ.①方⋯ Ⅲ.①企业文化 Ⅳ.①F272-05

中国版本图书馆CIP数据核字（2021）第039062号

责任编辑：毕小山　　　　　　　　　　　装帧设计：刘丽华
责任校对：赵懿桐

出版发行：化学工业出版社（北京市东城区青年湖南街13号　邮政编码100011）
印　　装：大厂聚鑫印刷有限责任公司
710mm×1000mm　1/16　印张12¹/₂　字数244千字　2021年6月北京第1版第1次印刷

购书咨询：010-64518888　　　　　　　　售后服务：010-64518899
网　　址：http://www.cip.com.cn
凡购买本书，如有缺损质量问题，本社销售中心负责调换。

定　　价：78.00元　　　　　　　　　　　版权所有　违者必究

# 前言

著名管理学家托马斯·彼得斯和罗伯特·沃特曼强调:"在经营得最成功的公司里,居第一位的并不是严格的规章制度或利润指标,更不是计算机或任何一种管理工具、方法、手段,甚至也不是科学技术,而是企业文化或公司文化。"未来已来,将至已至!随着企业治理模式的大变革,文化管理将成为主导企业经营管理的核心竞争力,成为企业健康持续发展的基本模式。

在企业经营管理的诸多影响因素中,技术、方法,甚至盈利模式等都可以借鉴或复制,唯有文化是学不来的。20世纪90年代,不少企业掀起了学习"海尔文化"的热潮,可迄今为止,哪家企业是"海尔第二"呢?后来又开始学习华为,学习联想,学习阿里巴巴,但哪家企业又是"华为第二""联想第二""阿里巴巴第二"呢?谁又完美地吃透了精华,超越了第一呢?而通过学习苹果、特斯拉、FaceBook等世界知名企业,我们又学到了什么呢?一堆读书笔记和复盘感悟吗?这些不是没有用,而是远远不够!

真正属于自己的企业文化不是学来的!企业文化建设不是口号化、本本化,不是政治化、虚无化,不是标志化、形式化,更不是娱乐化、福利化。企业文化是企业的"魂",是精神内核。企业文化建设得具体践行,得量身定制!因此,在企业文化建设的过程中,先盘点现状,再构建系统,然后做好"点""线""面"的融合,是最靠谱的,也是最易落地的。

文化管理本身是一个特别需要调查研究、实践总结、反思改进的过程。企业文化建设要在学习中实践,在实践中反思,在反思中落地。本书力图定位为"一本企业文化建设的作业指南、实操手册",提供"一个企业文化落地的图、表、范例工具箱"。本书主要具有以下三个特点。

## 1. 实践经验与企业案例相结合

企业文化管理不是想出来的,而是干出来的,是知行合一的结果。干过一年与干过十年比较，绝对不是一个量级的。干过主要是直接经验的萃取；如果把干过十年的经验拿过来，就是间接经验的有效萃取；如果把自己没干过但别人干过的经验本土化并有效吸收，也是间接经验有效萃取的好方式。本书结合案例由浅入深、由表及里，就是要通过对企业文化管理经验的系统化梳理，呈现可供借鉴的企业文化管理模式与落地方法。

### 2. 系统化构建立体坐标模式

本书采用纵、横坐标模式，纵向设计四大企业文化子系统，横向采用六个维度进行具体论述。横向针对纵向的"识别+传播+管理+评价"4大模块，从"特色设计+文化培训+完善保障+沟通畅通+媒体公关+考核评价"六个维度进行了细化说明。同时，穿插针对性的引导案例和延伸思考，详细阐述了企业文化建设和落地过程中所包括的关键因素。

### 3. "图+表+范例"拿来即用

本书基于企业文化实际工作的需要，按照体系、模型提供配套的图形、表单和范例。图中有内容，有逻辑，有操作步骤；表中有说明，有落笔点，有存档依据；范例中有流程，有节点，有关键落地的指导。并且针对问题提出解决方案，包括制度、流程、方案、模型，以及表单和案例的分析、点评等企业文化管理的工具与方法，帮助读者加深对理论的理解，加强有效操练，以实现拿来即用或稍改即用的参考借鉴。

本书分为三个部分：第一部分为第1章，概述企业文化现状；第二部分为第2章，讲述如何构建企业文化系统；第三个部分为第3~8章，讲述如何识别、传播、管理、沟通、强化和评价企业文化。

本书的编写得到了中国煤炭科工集团有限公司党委宣传部（企业文化部）的领导和同事、我的MBA导师王凡妹老师、我的朋友王胜会老师的支持和帮助，在此向他们表示衷心的感谢！受作者水平和成书时间所限，书中难免有疏漏和不当之处，恳请读者批评指正！

方奕
2020年11月

# 目 录

## 第 1 章　企业文化现状概述 …… 1

1.1　企业文化建设实践盘点 …… 2
　　1.1.1　国外企业文化建设理论与实践 …… 3
　　1.1.2　国内企业文化建设理论与实践 …… 5
　　1.1.3　企业文化建设与管理存在的普遍问题 …… 9
1.2　企业文化关联效应分析 …… 10
　　1.2.1　企业文化与组织战略 …… 10
　　1.2.2　企业文化与业绩管理 …… 11
　　1.2.3　企业文化与员工需求 …… 12
1.3　企业文化系统框架解析 …… 14
　　1.3.1　框架图谱：呈现企业文化系统 …… 15
　　1.3.2　一张画布：设计企业文化系统 …… 16

## 第 2 章　如何构建企业文化系统 …… 18

2.1　企业文化识别系统 …… 19
　　2.1.1　理念识别 …… 20
　　2.1.2　视觉识别 …… 24
　　2.1.3　听觉识别 …… 25
　　2.1.4　行为识别 …… 25

## 2.2 企业文化传播系统 26
### 2.2.1 加强文化宣传 27
### 2.2.2 树立文化典型 30
### 2.2.3 设计文化仪式 30
### 2.2.4 担当社会责任 32

## 2.3 企业文化管理系统 32
### 2.3.1 完善体制保障 33
### 2.3.2 梳理专项文化 34
### 2.3.3 夯实基层文化 34

## 2.4 企业文化评价系统 36
### 2.4.1 确立评价目的 36
### 2.4.2 制定评价标准 36
### 2.4.3 建立评价体系 36

# 第3章 通过特色设计识别企业文化 40

## 3.1 文化符号要素创新设计 41
### 3.1.1 企业标识设计与品牌识别 41
### 3.1.2 应用要素落地设计三板斧 42

## 3.2 工牌制服设计与加强管理 49
### 3.2.1 流程范例：工牌制服管理流程图 49
### 3.2.2 权责范例：工牌制服管理权责卡 50
### 3.2.3 工牌制服设计与管理六大关键点 50

## 3.3 企业环境管理体系建设 51
### 3.3.1 流程范例：环境管理体系建设流程图 52

  3.3.2 标准范例：环境管理体系建设工作标准 ········ 53

 3.4 员工行为管理与文化同化 ······················ 54

  3.4.1 名企管理者规范员工行为的方式 ············· 55

  3.4.2 文化同化的作用与运用方式和阶段 ··········· 56

  3.4.3 方案范例：外派员工文化同化 ················ 58

# 第 4 章　培育企业文化传播系统 ·············· 60

 4.1 企业刊物载体 ································· 61

  4.1.1 企业内刊设计的三个环节 ···················· 62

  4.1.2 方案范例：企业内刊设计方案 ················ 64

  4.1.3 管理规范：企业内刊出版操作步骤 ··········· 66

  4.1.4 权责范例：企业内刊管理权责卡 ············· 68

 4.2 新媒体与展示平台 ····························· 69

  4.2.1 网络、微博、微信与微电影 ·················· 69

  4.2.2 ERP及高效信息共享 ························ 73

  4.2.3 数据挖掘技术与开发 ························ 74

 4.3 企业文化培训体系 ····························· 76

  4.3.1 培训需求调研确保针对性 ···················· 76

  4.3.2 培训效果评估促技能迁移 ···················· 79

  4.3.3 制度范例：企业文化培训管理规范 ··········· 81

  4.3.4 方案范例：新员工入职培训计划 ············· 83

 4.4 组织知识管理工具 ····························· 85

  4.4.1 工具范本：德尔菲法及操作步骤 ············· 85

  4.4.2 工具范本：头脑风暴法及操作步骤 ··········· 86

    4.4.3 工具范本：平行思考法及案例分析 ········· 88
  4.5 员工培育开发工具 ········· 91
    4.5.1 引导技术及其应用 ········· 91
    4.5.2 教练技术及其应用 ········· 91
    4.5.3 复盘技术及其应用 ········· 93

## 第 5 章　完善企业文化管理保障体系 ········· 96

  5.1 企业文化的结构、功能与层次 ········· 97
    5.1.1 企业文化结构的四个层面 ········· 98
    5.1.2 制度文化的三个维度 ········· 100
    5.1.3 企业文化发挥五项功能 ········· 101
    5.1.4 企业文化推行遵循四项原则 ········· 102
  5.2 企业文化管理责任与制度范例 ········· 102
    5.2.1 企业文化推行部门的责任与分工 ········· 103
    5.2.2 企业文化推行岗位的责任与分工 ········· 104
    5.2.3 制度范例：企业文化建设管理规定 ········· 106
  5.3 企业文化活动策划与执行 ········· 109
    5.3.1 方案范例：企业年度文化活动计划 ········· 110
    5.3.2 方案范例：年会活动策划方案 ········· 111

## 第 6 章　通过沟通机制畅通企业文化 ········· 114

  6.1 组织沟通机制框架 ········· 115
    6.1.1 自上而下与自下而上的沟通 ········· 116
    6.1.2 横向信息沟通类型与工作标准 ········· 118
    6.1.3 与组织外部全方位、立体化沟通 ········· 121

## 6.2 高效沟通管理 122

- 6.2.1 沟通回应的四种风格 123
- 6.2.2 团队沟通的六个步骤 123
- 6.2.3 高效沟通避免十大障碍 124

## 6.3 无缝沟通技术 126

- 6.3.1 无缝沟通的五个维度和应拒绝的八种态度 127
- 6.3.2 对照分析：价值观与沟通风格 129
- 6.3.3 打破心理防御与建立心理契约 130

## 6.4 通过团队会议实现无缝沟通 131

- 6.4.1 团队会议无缝沟通的八种角色设定 132
- 6.4.2 制度范例：年度计划会议管理规定 133
- 6.4.3 制度范例：公司日常例会管理规定 136
- 6.4.4 制度范例：企业年终会议管理规定 138

# 第 7 章 通过媒体公关强化企业文化建设 141

## 7.1 公关策划与管理 143

- 7.1.1 流程范例：公关策划管理流程图 143
- 7.1.2 权责范例：公关策划管理权责卡 144
- 7.1.3 公关策划管理的七大关键点 144

## 7.2 新闻发布与管理 146

- 7.2.1 流程范例：新闻发布管理流程图 146
- 7.2.2 权责范例：新闻发布管理权责卡 147
- 7.2.3 新闻发布管理的九大关键点 148

7.3 危机公关与管理 ·················································· 149
　　7.3.1 流程范例：危机公关管理流程图 ················ 150
　　7.3.2 权责范例：危机公关管理权责卡 ················ 150
　　7.3.3 危机公关管理的九大关键点 ······················ 152
7.4 大数据舆情管理 ················································ 153
　　7.4.1 流程范例：大数据舆情管理流程图 ············ 154
　　7.4.2 框架范例：大数据舆情管理图谱 ················ 155

## 第8章 考核评价企业文化促成效 ·················· 156

8.1 企业文化与组织行为 ········································ 157
　　8.1.1 模型设计：成功企业文化的八大特征 ········ 158
　　8.1.2 通过经营行为评价企业文化 ······················ 160
　　8.1.3 通过文化惯性与创新评价企业文化 ············ 160
8.2 文化测评工具与定期调研 ································ 162
　　8.2.1 企业文化常用测评工具一览表 ·················· 162
　　8.2.2 调研问卷：丹尼森组织文化分析调查问卷 ····· 164
　　8.2.3 测评量表：组织文化评价OCAI量表 ·········· 167
　　8.2.4 调查问卷：员工如何看待企业文化 ············ 169
　　8.2.5 制度范例：员工满意度管理办法 ················ 172
8.3 企业文化目标管理与考核评价实施 ·················· 173
　　8.3.1 企业文化考核评价周期与主体管理 ············ 174
　　8.3.2 企业文化考核评价内容与指标设计 ············ 176
　　8.3.3 制度范例：企业文化建设评价实施办法 ······ 178
　　8.3.4 实践范例：企业文化建设成效考核管理规定 ··· 180

**参考文献** ·························································· 188

# 第1章
# 企业文化现状概述

当企业发展到一定的程度，必然会产生文化沉淀。大到公司的经营活动，小到员工的思想或行为，都是一个企业的文化内容。这些融合在一起，就会形成具有该企业独有特点的文化形态，对内凝聚着力量，对外展示着姿态。

企业文化是企业生存的立命之本，是企业发展的重要纽带，是企业灵魂的集中展现。再完善的规章制度，也如积木一样存在缝隙，而文化像水"润物细无声"，它流经每一个缝隙，于柔性中舒展张力，统领全局。所以，企业应致力于塑造全体员工认同并遵循的文化理念，以文化凝聚和约束员工，以期实现用文化管企业，以文化兴企业。

在《文明的冲突与世界秩序的重建》一书中，美国著名学者塞缪尔·亨廷顿曾预言："全球政治开始沿着文化线被重构……人民被意识形态所分离，却又被文化统一在一起。"

社会发展靠文化传承，百年企业也靠文化发展。企业文化是一种塑造内部员工、改造外部环境、维系企业成员的统一性和凝聚力的新型管理理论和实践方法。企业通过构建企业文化系统，加强企业文化建设，凝心聚力，塑形铸魂，充分发挥企业文化的引领作用，以文化力提升经济力和战斗力，实际就是借助内因的作用为企业积蓄力量，构筑企业精神堡垒，激发广大员工干事创业的热情，使他们将个人命运与企业兴衰紧密相连，与企业同呼吸，共命运。在一定意义上，企业文化建设就是维系企业持续、稳定、健康发展的"根"。

企业文化的构建、重塑和落地始于对企业文化现状的盘点。构建企业文化系统是模型、框架和体系；通过文化符号识别企业文化，通过刊物、新媒体等传播企业文化，通过管理制度、文化活动等保障企业文化，通过高效沟通、无缝沟通等畅通企业文化，通过公关策划、大数据等强化企业文化，是具体化、可操作、有实效的工具和方法；通过测评、目标等管理企业文化，是一种考核和评价，既是企业文化落地的终点，又是企业文化重塑的起点。

## 1.1 企业文化建设实践盘点

这是一个与时俱进、与"市"俱进、与"客"俱进的时代，无论哪个组织也不可能闭关自守，企业文化建设与重塑需要引进来、走出去。企业在自己铆足劲踏实干的同时，也要看看世界及周边都在发生着哪些变化。

### 1.1.1　国外企业文化建设理论与实践

"企业文化"概念的提出，源于20世纪70年代日本经济的异军突起。二战后的日本曾一度衰败，但日本企业却在困境中迅速复苏。到20世纪80年代，日本制造业甚至赶超美国。这使一贯以理性管理著称的美国感到前所未有的压力，美国学者们开始广泛关注并深入研究日本企业的管理实践经验，由此掀起了企业文化研究热潮，同时为美国企业管理改革提供了借鉴。

20世纪80年代相继问世的四部著作，即威廉·大内的《Z理论》、查理德·帕斯卡尔与安东尼·阿索斯合著的《日本企业管理艺术》、托马斯·彼得斯与小罗伯特·沃特曼合著的《成功之路：美国最佳管理企业的经验》以及特伦斯·迪尔与艾伦·肯尼迪合著的《企业文化：企业生活中的礼仪与仪式》，对"企业文化"概念予以系统阐释，宣告了企业文化研究的兴起，堪称企业文化经典"四重奏"。

其中，美国麦肯锡管理咨询公司研究人员托马斯·彼得斯与小罗伯特·沃特曼通过探究美国三家杰出企业的管理实践发现，它们共同的管理特质在于注重文化管理潜移默化的效果，致力于以文化制胜，并且阐明了卓越企业通常所具有的八种特质。这八种特质是：行动导向、接近顾客、自主创新、以人为本、价值驱动、坚持本业、精兵简政、宽严并济。

关于企业文化类型的划分，在企业文化"四重奏"时期，迪尔和肯尼迪就将企业文化分为"硬汉型文化""努力工作、尽情玩乐型文化""赌注型文化""过程型文化"四种类型。卡梅隆·奎因按照内部与外部导向、灵活自由与稳定控制两个维度提出竞争性文化价值模型，形成了"部落式""创新型/临时体制式""等级森严式""市场为先式"四种基本的价值模式，强调组织内部不同力量之间的均衡。

20世纪90年代以后，西方企业面临激烈的竞争和严峻的挑战，迫使企业文化研究从基础理论研究明显转向了实际应用研究，即考察企业文化作为部分变量与其他管理要素的关系并构建整合模型，出现了关于企业文化测量、诊断与评估研究以及企业文化与企业绩效关系等应用研究。此后，企业文化研究开始从定性研究转向定量研究。很多学者开发了企业文化定量分析量表，如OCAI（企业文化量表）、OBQ（组织信仰问卷）等，通过构建企业文化测量量表来定量测度、评估和诊断企业文化。

美国企业普遍重视诸如制度、管理方法等刚性的因素，而日本企业则着重关注管理的"软性精神因素"以及与企业长期并存的员工集体信念，并且创造了企业文化。这种"软性精神因素"既有利于企业创新以及整合价值和心理因素，又对日本企业良好业绩的取得与长远发展起到了十分关键的作用。日本企业打破了西方理性主义的管理框架，以企业文化这一"软性精神因素"为核心，逐渐形成了独特的企业管理模式。同时，美国也有一批优秀企业在激烈的市场竞争中长盛不衰，其成功秘诀也与重视企业文化息息相关。

## 对标案例：世界名企企业文化管理

企业的健康发展离不开企业文化的塑造，卓越的文化造就了卓越的企业。

企业好比人一样，没有健康，什么事也做不成。企业健康同人的健康一样，包括两个层面，一是肌体健康，二是心理健康。企业的肌体健康主要是指企业要有坚实的物质基础，如资金、技术、人力资源、客户资源、科学管理等，这是企业健康的根基。但企业不能只满足于肌体健康，而要有更高的追求，那就是企业的心理健康。企业心理健康实际上就是指文化良好，具有优秀的企业文化基因。要确保企业健康，肌体健康和心理健康缺一不可。

凡是到过谷歌办公室的人，都会对它不拘一格的自由式办公区印象深刻。沙发随处可见，员工可随意开会聊天，甚至还能在迷你游泳池中游泳，并且时刻配有救生员，总部还有子女托管中心、员工休闲娱乐室等。不仅如此，谷歌还有较为完善的福利制度，如免费三餐、免费医疗、洗衣服务、滑雪旅游等。这些都是谷歌企业文化的"人工饰物"，即有形状态的文化表层，也是其肌体健康的表现。而这种轻松写意的工作环境与谷歌的企业文化是一脉相承的。

在肌体健康水平一定的条件下，心理健康也就是文化基因优秀对企业来说更具有决定意义。

美国Retention Science公司一位高管手下有名得力干将，本来在他公司实习得非常愉快，后来收到了苹果公司的录用通知，高管觉得苹果比他们更有发展前景，就没给他录用通知。但这名干将在苹果公司只工作了8个月，就申请要回到Relation Science公司。这件事让这位高管很惊讶，于是他进行了深入的思考，最后得出的结论是，企业文化帮他从苹果公司手中"夺"回了得力干将。因为他一直试图让公司朝着积极的方向前进，而且这次干将的返回，更加证明了优秀的企业文化具有莫大的价值。

再看一下更具个性化的企业文化案例。对于许多美国公司来说，千禧一代是"刺儿头"般的人群，常常无拘无束，并认为工作应该是一件有趣的事情。而到了Facebook，他们却成了"香饽饽"，并在Facebook 8000名员工中占据了大多数。

① Facebook认为，在对千禧一代进行业绩评估时，80%应该专注于他们的优势。员工们不是要听命于谁，他们自己就是自己的主人翁。他们在选择、调整任务方面被赋予了不同寻常的自由。

② Facebook鼓励"以下犯上",甚至鼓励基层员工质疑和批评经理。丹·福尔从谷歌跳槽至Facebook在线运营团队担任负责人后,就颇有感触:谷歌的管理结构更为森严,成为一名经理意味着拥有更大的权力;而在Facebook,职称毫无用处,因为大家只看你的工作质量、信念的力量以及影响其他人的能力。

③ 在Facebook供职意味着你可以经常变换工作岗位。当年28岁的帕蒂·安德伍德在2011年以律师的身份加盟Facebook隐私团队。两年后,安德伍德决定去开发产品,不再做律师。这是他本人提出想法两周后就实现的。

麦肯锡前副总裁对企业文化的诠释更加直截了当:"企业文化就是企业做事的方式。"

比尔·休利特和大卫·帕卡德在惠普公司奉行的一整套企业经营管理思想后来被称作"惠普之道",由此催生出一种强力型企业文化。这种企业文化之所以形成,是因为休利特和帕卡德在公司创立之初就怀有共同的核心价值观——信任和尊重个人,强调做贡献的重要性,坚守诚实与正直以及团队精神。

谷歌首席执行官拉里·佩奇曾提出一个问题:"我们的员工为何要工作?"并做出了回答:"他们会为了做自己喜欢的事而工作,并且他们深信着自己正在做的事。"其实,这就是企业文化建设的未来。

## 1.1.2 国内企业文化建设理论与实践

自20世纪80年代起,中国学者通过接触、翻译和借鉴国外企业文化论著,对企业文化进行了初步探究。直至90年代末,学界才开始结合我国国情和企业现状对企业文化理论与实践予以系列研究。不过就企业文化理论而言,多半只是转述国外现成的结论,研究本身缺乏创新性。但随着我国市场经济的快速发展,管理上对企业提出了更高要求,国内企业和学者们也因此逐渐增强了对企业文化的重视程度和研究力度。

国内专门研究企业文化的理论模型和实践较多,主要分为以下两类。

一类是研究企业文化建设并进行理论延伸。

例如,周华的5D企业文化模型,根据内倾—外倾、感性—理性两个维度将企业文化分为五个类型:金文化、火文化、木文化、水文化和土文化。参考权威量表OCAI所使用的六个方面,5D企业文化量表也从主导特征、领导风格、员工管理、组织凝聚、战略重点、成功准则六个方面进行分析与测试。

另一类是以国有企业或民营企业为总体观照对象，探讨企业文化建设的现状、问题及进一步改进的措施。

一些国有企业通过政研会、文化论坛等形式，加大对企业文化理论的研究力度，加强企业文化成果交流和问题研讨，确定企业文化研究重点课题，推广研究成果和经验。例如，中国华电集团举办企业文化建设高峰论坛、现场经验交流会等，还组织新建并购单位召开座谈会，宣扬企业文化理念，畅通企业文化交流。有的中央企业成立专门研究会或者设立研究项目，推进企业文化研究。招商局集团成立招商局史研究会，对自1872年创立以来的"招商局"品牌历史进行研究，通过"讲招商局的故事"宣传"招商局"这一无形资产的历史文化价值。又如，中国电力投资集团启动了企业文化定位研究项目；中国移动建立了企业文化基础案例库，以案例的形式分类整理、提炼汇总企业文化建设成果，同时收集国内外先进企业的成功案例，充实完善文化管理案例库。

与国有企业不同，国内民营企业的企业文化建设更直白，更接地气。因为，民营企业的管理越来越扁平化，决策权分散到企业不同的层级、不同的职务中，不同的团队和员工有着不同的心理模型，若没有一个强有力的企业文化做引领，向心力和一致性则无从谈起。陈春花分析指出：中国越来越多的企业关注企业文化建设，海尔集团的"海的文化"以及"人人是创客"的组织文化，TCL集团提出的"鹰的重生"，联想集团的"发动机文化"，腾讯"通过互联网提升人类生活品质"的文化，华为公司塑造的全新企业文化"华为基本法"等，都对中国企业文化的发展起到了标杆作用。

总体而言，国内有些企业已经形成优秀的企业文化理念并积极践行，更多的企业对企业文化建设的实践仍在探索进程中。国内企业文化研究对企业文化理论并未做出全新的深入探索，但是个案研究比较丰富，可供借鉴。

## 对标案例：国内名企企业文化管理

Z理论创始人，也是最早提出企业文化概念的人威廉·大内（William Ouchi）认为，传统和气氛构成一个公司的文化，企业文化意味着公司的价值观，这些价值观构成员工活动、意见和行为规范，管理人员将这些规范传授给员工并不断继承延续下去。

也可以说，企业文化就是企业经营的哲学、企业行为的风格、企业处理各种关系的原则、企业中员工行为的道德规范、企业战略思考的导向，是企业的灵魂所在，决定着企业的基本人格。国内不少名企已深谙企业文化的重要价值，并主动倡导，持续建设，鼓励员工身体力行。

百度CEO李彦宏曾发给员工的一封内部信件，引起"轩然大波"。这封信名为"改变，从自己开始"，信中提到要形成"鼓励狼性，淘汰小资"的企业文化。其主要内容体现如下。

"当我们的业务还在快速成长时，我们不应该快速追求净利润，我们应该把更多的钱投入到更多的新业务和创新上。""有些我们的固有优势，随着时间推移和市场变化会被削弱，而这个时候抗拒市场的变化会很危险，不如革自己的命。""百度文化叫简单可依赖，但是随着时间推移，怎么样做到简单做到可依赖，这是不一样的。现在我观察到的问题，两点，一个是我们需要鼓励狼性，一个是淘汰小资。"

"狼性就是：敏锐的嗅觉，不屈不挠、奋不顾身的进攻精神，群体奋斗。""什么是小资，我的定义是有良好背景、流利英语、稳定的收入，信奉工作只是人生的一部分，不思进取，追求个人生活的舒适才是全部。""这样的背景不一定是你的优势，因为你的生存环境太舒适了，就好像恐龙，经过很多年长得很大，但是条件变得很恶劣时你却活不下去。"

"淘汰小资是呼唤狼性，呼唤狼性就是要胡萝卜加大棒。要让所有员工更明确如果想找一个稳定工作不求有功但求无过地混日子，请现在就离开，否则我们这一艘大船就要被拖垮。"

还有滴滴的企业文化。滴滴的人力行政团队有200多人，分为：OD团队❶、HRBP团队❷、人才品牌团队、招聘团队、薪酬福利团队、企业文化团队、行政事务团队、HRIS团队❸等。滴滴有"照镜子"的文化，典型的体现形式就是一种会议，叫"在路上"。滴滴内部称其为"把伤口撕开，让你看到血淋淋的肉"。如何做到互相"照镜子"呢？在"在路上"这类会议上，员工和管理者通过汇报、"拍砖""裸聊"等环节，回顾初心，不断进行复盘、总结和思考，达到智慧沉淀和共享的目的，同时也营造出了一种平等和坦诚沟通的文化。

还有阿里巴巴的武侠文化、倒立看世界文化、蚂蚁搬大象文化和创新文化，如图1-1所示。

---

❶ OD（Organization Development）团队，即组织发展团队。
❷ HRBP（Human Resource Business Partner）团队，即人力资源业务合作伙伴团队。
❸ HRIS（Human Resource Information System）团队，即人力资源信息系统团队。

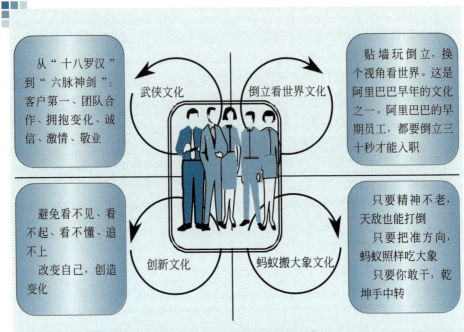

图1-1 阿里巴巴的企业文化

① 武侠文化。为什么有武侠文化？因为淘宝内部很多人都是很平凡的人，但我们相信平凡的人只要"勤练武功"、爱学习、行侠仗义，就有可能成功。

② 倒立看世界文化。倒立看世界，这个世界就会很不一样。所以，淘宝所有新员工入职培训时，都需要进行倒立培训，如果倒立没有练好，是无法通过入职培训的。

③ 蚂蚁搬大象文化。意思就是以小绊大，不怕苦，不怕累。

④ 创新文化。曾经，阿里巴巴和腾讯就"到底有没有一种办法，确保创新能不断发生"这一问题进行过交流，却没有得出答案。越来越多的创新是把信息充分分享出去后，有心人从信息中挑选出他有感触的信息，然后再去做一些创新。如果说像创新之父克里斯坦森说的"你要么是破坏性创新，要么你被别人破坏"那种"从0到1"的创新很难，那么你可以先着手"从1到N"的创新。

华为"以奋斗者为本"的企业文化向来被国人所推崇。任正非指出："一个人不管如何努力，永远也赶不上时代的步伐，更何况在知识爆炸的时代。只有组织起数十人、数百人、数千人一同奋斗，你站在这上面，才摸得到时代的脚。""烧不死的鸟是凤凰!"这是华为人对待委屈和挫折的态度以及挑选干部的准则。没有一定的承受能力,今后如何能挑大梁?要深信,在华为,太阳总会升起,哪怕暂时还在地平线下。华为的核心人才观就是和而不同、欣赏差异、尊重人才、围绕目标、聚焦工作,让全世界的优秀人才在华为展现才华。华为认为,公司的发展离不开优秀的员工,认真负责和管理有效的员工是华为公司最大的财富。所以,就有了华为"以奋斗者为本"的企业文化建设与干部管理机制。而且华为每年都会派遣大量管理人员和技术人员到国外考察、学习、交流。

再来看看联想的复盘文化。复盘最初是创业型企业的一个工具,具有很强的操作性。联想把复盘作为重要的方法论推广,是为了搞清楚在企业每次行动过程中,导致成功或失败的真正原因是什么,不断总结做好企业的根本规律,积累联想人的经验,不断提高能力。在我们看来,复盘俨然已经成为联想持续总结和提升的文化。

在联想,复盘其实很直白。柳传志说过一段话:"把一件做成的或者没做成的事完成之后,需要从头到尾地理一遍,梳理的过程中需要包含事先是怎么想的,以及在过程中出了什么问题及其原因,及时吸收经验教训。"这段话就是联想对于复盘的精准定义。简言之,复盘主要是在讲逐步提高整个团队能力的方法,掌握要学的东西,不重复犯错。企业最开始引入复盘或许只是一个工具,但时间一长,每个人都有了复盘的习惯,于是形成了企业文化。

## 1.1.3 企业文化建设与管理存在的普遍问题

(1)总体认识水平有待提高

无论是中央企业还是民营企业,对企业文化本质性、系统性、整体性的认识水平有待提高,尚未形成对于企业文化建设的统一性认识。具体表现在以下三个方面:
① 认为企业文化建设只是企业文化归口管理部门的工作;
② 对企业文化管理属性的认识不够深刻;
③ 对企业文化建设提升企业核心竞争力作用的认识有待提高。

(2)总体建设滞后

虽然不少企业制定并颁布了战略规划、年度经营计划、规章制度汇编或者企业文化建设总体规划等成文的规章制度或指导意见,对企业文化建设起到了一定的推动作用，但由于普遍对企业文化的重视程度不够，导致总体上推进落实不到位、不深入、不持续，企业文化推动组织改革发展的关键性作用没有体现出来，公司的凝聚力和向心力不够强。

（3）主文化对亚文化的统领作用发挥不足

对于一些大型企业而言，主文化被分割成相当自治的亚文化，各分公司对文化的认同度不高，企业文化的聚合作用发挥不明显，企业文化的统领作用没有得到充分发挥。如果企业还涉及大量的外派员工或存在企业文化同化的问题，企业文化建设和管理的效果就更难把控。

（4）基本制度缺失，体系不健全

目前，很多企业不仅没有设立归口管理部门，也没有企业文化建设总体规划、管理规定、考核管理办法等相关配套制度。但处在新时期，面对新环境，如果支撑企业做强、做优、做大的核心价值观等都不明晰的话，就会导致工作机制不健全、不规范，在一些模棱两可的问题上，员工就会无所适从。

（5）企业文化作用有待发挥

① 引领作用不强。优秀的企业需要以卓越的企业文化为引领，大力激发企业文化促进企业发展的高效动能，凝心聚力，共创辉煌。

② 管理属性作用不强。突出体现在企业文化和企业管理"两张皮"的现象还广泛存在，尚未结合企业实际找准和落实企业文化融入企业管理的有效途径和实施手段。

优秀的企业文化是企业发展不可或缺的精神力量。要建设一流企业，就必须解决企业文化建设中存在的突出问题，打造优秀的企业文化，不断增强文化软实力，支撑企业做强、做优、做大。

## 1.2 企业文化关联效应分析

企业文化不是一个独立的事物。企业文化建设也不是靠一个部门或一个人就能一蹴而就的。企业文化与组织战略、业绩管理、员工需求等密切相关，不可剥离。

### 1.2.1 企业文化与组织战略

优秀的企业文化就是企业的精气神，是企业上下一种默契的心神交会，是在彼此心领神会的思想共鸣下自觉的行动意志。它把所有员工的精神气度凝聚起来，柔和而非强硬地将其转变成根深蒂固的行为模式，从深层次汇聚能量，将"无形之力"变为"有形之财"，创造推动企业发展壮大的巨大合力。如果说，创新创造财富，质量捍卫生命，安全保障效益，和谐成就共赢，人才构筑未来，那么文化呢？文化决定组织战略实施的成败！

组织战略与企业文化存在不可分割的共生关系。战略作为组织发展的航向标，标志着文化的成熟程度；文化作为战略实施的重要途径，能使员工产生实现战略目标的精神动力和责任意识。只有组织中柔性的文化与硬性的战略珠联璧合，发展方向与价值理念和谐统一，企业才能在战略引领下形成根深蒂固的文化内核，由内而外不断地迸发活力。企业文化系统作为企业文化建设的基石，也必须与组织战略相互匹配，内含战略的导向性和针对性。只有与战略管理紧密结合，企业文化系统的构建才能确保方向性与有效性。

企业文化作为组织战略实施的精神内核，富有魅力，又无处不在。它是一个企业重要的软实力所在，并以激励企业人的广泛性、深入性与持久性，成为企业可持续发展不可或缺的内在资源。

## 1.2.2　企业文化与业绩管理

美国知名管理行为和领导权威约翰·科特教授与其研究小组，用了11年的时间，对企业文化对经营业绩的影响力进行研究。结果证明：凡是重视企业文化因素特征（消费者、股东、员工）的公司，其经营业绩都远远胜于那些不重视企业文化建设的公司，如表1-1所示。

表1-1　企业文化对经营业绩的影响力　　　　单位：%

| 影响力指标 | 重视企业文化的公司 | 不重视企业文化的公司 |
| --- | --- | --- |
| 总收入平均增长 | 682 | 166 |
| 员工增长 | 282 | 36 |
| 公司股票价格增长 | 901 | 74 |
| 公司净收入增长 | 756 | 1 |

可见，企业文化对企业发展的影响力是无形的，虽然无法用具体数值呈现为企业创造的经济效益，却能为企业持续、良性发展提供不竭的动力源泉。因为，企业是由一个个员工组成的团队和组织，而员工个人又会受到企业文化各方面的直接影响，包括物质的、精神的激励手段，以及各种管理策略等，从而影响到个人业绩和成果输出，即影响到企业的设计、研发、生产、市场和销售等各个环节，对企业整体绩效产

生重大影响力。

20世纪90年代以来,西方学者开始重视如何把企业文化应用于企业管理实践,研究企业文化与企业绩效之间的关系。迪尔和肯尼迪等学者最早提出关于企业文化与企业绩效相关的观点,认为文化的强度与企业取得成功有密切关系。同时,很多学者运用实证方法证明了企业文化与经营绩效之间更为复杂的关系。

比如,约翰·科特和詹姆斯·赫斯克特从强文化角度、适合角度和适应角度三方面,总结了关于组织文化和绩效关系的理论,并认为企业文化的强力程度并非与经营绩效成正比,既强力又能主动适应外部环境的企业文化最有利于经营绩效的提升。这项研究对于企业文化与绩效关系的研究具有开创意义。从此,这一方面的研究开始蓬勃发展。

绩效考核是一根指挥棒、一种导向,它决定了企业行为、管理者行为和员工行为。以结果论英雄的绩效考核,看问题看的是"点",结果考核既看不到"线"也看不到"面",存在诸多片面性,隐藏了不少矛盾、冲突和问题。绩效考核需要"点""线""面"相结合综合考量。因此,向标杆企业学习一下绩效文化理念吧。

(1)微软绩效文化

微软认为,当一名员工在同一个地方出现两次以上同样的差错,或者,两个以上不同的员工在同一个地方出现同一差错,那一定不是人有问题,而是这条让员工们出差错的"路"有问题。企业绩效长期上不去,员工工作总是出问题,此时,管理者不应该要求员工赶快出成果、不要重复犯错误,而是要去修"路",即修改企业的考核制度、管理流程、业务流程以及技术、方法和工具等。

(2)惠普绩效文化

惠普认为,加强过程考核就是考核企业制度、流程和技术的执行力,就是更好地去坚持好的成果、巩固好的成果、发展好的成果。

(3)麦卓尼绩效文化

麦卓尼认为,如果不好的过程产生了好结果,这只能说明这种结果是偶然得来的或是投机取巧获得的,不可能重复,也不具有普遍性和必然性。有好结果不一定有好过程,有好过程一定会产生好的结果。

绩效是组织与个人新型合作关系的天平。高绩效企业文化导向的分配要公正,而不能平均。机会、荣誉、职权、工资、奖金、福利与保险、学习培训等价值分配形式应永远向忠于企业、肯于奉献、精通业务、绩效突出的经营管理骨干和专业技术人才倾斜。

## 1.2.3 企业文化与员工需求

马斯洛将人的需求从高到低划分为生理需求、安全需求、归属与爱的需求、尊重需求和自我实现需求五类。组织中员工的需求主要是指员工在工作过程中生理与心理完善和发展的需要。企业文化在不断发展完善、渗透到企业各个方面以及得到员工认同的过程中，能够从以下六个方面满足员工的需求，具体如图1-2所示。

| 基本薪资 | 基本薪资是员工普遍关注的需求，企业文化对这方面做出规定，能够反映员工岗位的重要程度，以及员工生活保障、福利、期权激励等方面的满足程度 |
| --- | --- |
| 学习成长机会 | 员工具有学习和成长的需求，企业为员工提供在工作中学习，在学习中工作，在工作中得到培训、改正错误以及晋升的机会，能够满足员工发展的需求 |
| 长远发展的需求 | 员工希望在企业得到长远的发展，这样就能够长远地规划自己的职业生涯，也能够更为系统地学习知识、积累经验 |
| 岗位认同 | 企业文化从薪酬待遇、员工权利和义务、企业伦理等方面对员工的工作过程进行规范，能够使员工更好地工作，并适应自己的岗位，满足其岗位认同的需求 |
| 快乐的需求 | 员工在工作中希望能够从事自己擅长和希望突破的工作方向，希望工作成果能够得到领导和同事的认同，这就需要确立企业自身的核心价值观，提升工作服务效率 |
| 公正的需求 | 应从企业文化和企业伦理道德方面，规范员工同工同酬、同赏同罚、制度化管理等方面的内容，从而满足员工寻求公正的需求 |

图 1-2　企业文化对员工需求的影响

企业文化是广大员工在组织活动中创造的具有独特个性的核心理念、经营哲学和组织精神，具有使组织成员从内心产生一种高昂情绪和进取精神的效应。它把尊重人作为基本精神，通过积极向上的思想观念使员工产生强烈的使命感。企业文化对理顺员工情绪、激励员工工作积极性有重要作用，具体体现在以下三个方面，如图1-3所示。

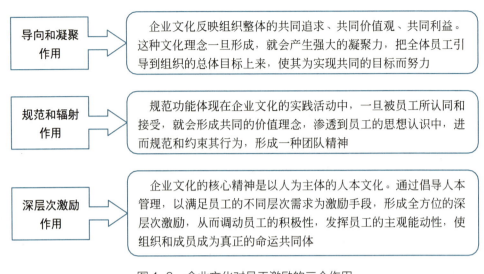

图1-3 企业文化对员工激励的三个作用

## 1.3 企业文化系统框架解析

企业文化建设是一个繁复而宏大的系统工程，其中最基础的工程就是企业文化系统的构建。企业文化就像深藏于摩天大厦中的钢筋一般，虽然不容易让人发现，但在大厦的每个细微处和关键点上都发挥着举足轻重的作用，成为整座大厦的有力支撑和坚实根基。而企业文化系统构建就像建筑师用以固定那些钢筋的精心设计和整体规划，其重要性和复杂性不言而喻。

巴克断言说：今天的不可能有可能成为明天的常规，我们必须做好转到新范式中去的准备。在今天这样一个瞬息万变的时代，构建企业文化系统，必须摒弃固化思维，持续创新。换句话说，当一种范式被创造出来并取得一定的成功时，这种范式就具有了生命力，我们的思维就会被局限在这个盒子里。在这里，我们了解事物的秩序，并且总是充满信心。当这种范式受到挑战时，秩序以及我们舒适的感觉都会受到威胁，范式的支持者就会绞尽脑汁地保护和捍卫他们的秩序。

为使转变成为可能，必须先要改变范式，才有机会"跳出盒子思考"，寻找新点子。

企业文化不是一个点，也不是一条线。企业文化建设是"点""线"构成的"大面"，是一个生态系统，是一个闭环的良性循环。要构建特色企业文化系统，设计出为一家组织量身定制的框架，就要先找到路径绘制画布，然后才能一步一步推进。

### 1.3.1 框架图谱：呈现企业文化系统

企业文化系统的总体框架是一个具有各自企业特征、多维度、分层级、立体化的复杂系统，包括企业文化识别系统、企业文化传播系统、企业文化管理系统和企业文化评价系统四个子系统。

其中，理念识别、视觉识别、听觉识别、行为识别构成了企业文化识别系统的主要要素；文化宣传、文化典型、文化仪式、社会责任构成了企业文化传播系统的主要要素；体制保障、专项文化、基层文化构成了企业文化管理系统的主要要素；企业文化评价系统包括评价目的、评价标准和评价体系三方面内容。

从企业文化识别系统、企业文化传播系统、企业文化管理系统、企业文化评价系统四个维度来构建企业文化系统，既符合企业文化的建设要求，又能深入地触及企业文化的核心，同时将企业文化系统的系统性和层级性体现得具体而明确，如图1-4所示。

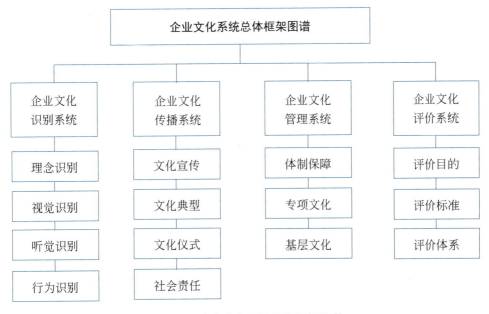

图1-4　企业文化系统总体框架图谱

必须强调的是，由于这个框架图谱是基于大型企业集团企业文化系统构建的需要，因此范畴上属集团文化级别。这里的集团文化是指在企业集团所属子分公司企业文化基础上形成的共性文化，对各子分公司企业文化建设具有主导、统领和规范的作用。当然，考虑到大型企业集团所属子分公司较多且常分布于全国各地，集团文化也应保障子分企业在母公司优秀文化的呵护和浸润下保持自有的企业文化特色。与此同时，值得各民营企业在进行企业文化系统构建时重点参照。

### 1.3.2 一张画布：设计企业文化系统

企业文化系统画布是指企业文化管理人员基于系统化思维而设计的企业文化建设的路径图，同时也是组织中每一位员工实现其作为企业人的蜕变规划蓝图。如表1-2所示，这张企业文化构建画布不仅仅是本书章节的逻辑框架体系，更是一张企业文化"点""线""面"结合的整体效果图。其中，横向是模块内容，纵向是具体操作步骤和关键点的呈现。

第1章　企业文化现状概述

表1-2　一张画布构建企业文化系统

| 文化盘点 | 构建文化系统 | 识别企业文化 | 符号要素 | 传播企业文化 | 刊物载体 | 保障文化管理 | 结构、功能与层次 | 沟通畅通文化 | 沟通机制 | 媒体公关强化文化 | 公关策划与管理 | 评价与考核文化 | 企业文化与组织行为 |
|---|---|---|---|---|---|---|---|---|---|---|---|---|---|
| 国外实践 | 识别系统 | — | — | 传播系统 | — | 管理系统 | — | — | — | — | — | — | — |
| 对标案例 | 理念识别 | 企业案例 | 企业标识 | 文化宣传 | 内刊设计 | 专项文化 | 文化结构 | 沟通机制 | 自上而下 | 公关策划 | 权责卡 | 八大特征 | 文化惯性 |
| 国内实践 | 视觉识别 | 应用要素 | 品牌 | | 出刊流程 | 环境建设 | 文化功能 | | 自下而上 | 流程范例 | | 经营行为 | 文化创新 |
| 对标案例 | 行为识别 | | 落地设计 | 新媒体展示 | 方案范例 | 推行责任与制度 | 推行原则 | 全方位 | | 新闻发布与管理 | 关键点 | 测评工具 | |
| | 文化仪式 | 工牌制服 | 权责卡 | 网络微博微信电影 | | 部门责任 | 部门分工 | 高效沟通 | | | | 常用工具 | 一览表 |
| 组织战略 | 文化典型 | 管理流程 | 关键点 | ERP信息数据挖掘 | | 企业文化部门 | 企业文化制度 | 回应风格 | | 流程范例 | | 调研问卷 | 丹尼森 |
| 业绩管理 | 社会责任 | | | 文化培育 | | | | | | | | 测量表 | OCAI |
| 员工需求 | 环境体系 | | | | | | | | | | | | |
| 框架图谱 | 体制保障 | 专项文化 | 工作标准 | 需求调研 | 制度范例 | 总裁办 | | 团队沟通 | 对标工具 | 危机公关 | 权责卡 | 管理办法 | 制度范例 |
| 一张画布 | 基层文化 | 流程范例 | 标准范例 | 效果评估 | 方案范例 | HR部 | | 无缝沟通 | | 流程范例 | 关键点 | 员工调研 | 满意度 |
| — | | 行为规范 | | 德尔菲法 | 平等思考 | 行政部 | 岗位分工 | 价值观 | 五个维度 | 大数据舆情管理 | | 目标管理与考核评价 | |
| — | 评价标准 | 日常行为 | 文化同化 | | | 岗位责任 | 文案 | 会议沟通 | 心理契约 | 流程范例 | | 评价周期 | 主体管理 |
| — | 评价体系 | 制度范例 | 方案范例 | 头脑风暴 | | 经理 | | 高效会议 | 日常例会 | 管理图谱 | | 评价内容 | 指标设计 |
| — | 评价目的 | | | 培育开发工具 | 活动策划与执行 | 设计 | | 年度计划会议 | 年终会议 | 体系搭建 | | 制度范例 | 文化建设 |
| — | | | | 引导技术 | 复盘技术 | 专员 | | | | | | 实践范例 | 文化成效 |
| — | | | | 教练技术 | | 年会策划 | 年度计划 | | | | | | 制度范例 |

# 第 2 章
# 如何构建企业文化系统

# 第2章 如何构建企业文化系统

企业文化系统的构建是一项十分复杂的系统工程。构建企业文化系统实际就是梳理企业文化脉络的过程，一般包括以下步骤：首先，了解现有企业文化要素，吸纳优秀文化元素，继承企业文化传统；其次，结合行业环境和组织战略，准确把握企业高层的思路，借鉴国内外企业的优秀文化经验，在组织战略的指引下，确立企业文化核心理念；最后，综合各种因素，征求各方意见，拟定企业文化总体构建框架及各个要素环节，保证体系内容全面清晰、操作性强，构成要素系统合理、层次分明，整个体系完整，便于协调推进。

作为企业文化建设的基础工程，企业文化系统构建为企业文化建设部署了大框架，设立了大格局。同时，体系的构建也是一项必须长期坚持、不断完善的工程，不可能一蹴而就或一劳永逸。企业文化系统构建的系统性和复杂性决定了其持续完善的必要性。唯有不断充实企业文化系统的各子系统及其要素，在每个要素的内涵、外延以及针对性、均衡性、完整性、适用性等方面下功夫，并根据行业形势发展和组织战略变化及时动态调整，才能使企业文化系统逐步成为企业文化建设的有力支撑。

近些年，企业文化系统建设和落地已逐渐引起企业高层管理者的高度重视，并纳入日常工作要求。企业文化建设工作整体上正逐步推进。在企业文化系统构建方面，有些企业已初具规模，颇有成效，有些则有待进一步提升和完善。但总体而言，企业文化系统的构建具有复杂性和完整性，其体系性和层级性也表现得非常明显。

那么，企业文化系统具体如何构建？本章将一一介绍。

## 2.1 企业文化识别系统

企业文化识别系统的具体运作包括"四个识别"，即理念识别、视觉识别、听觉识别和行为识别，如图2-1所示。

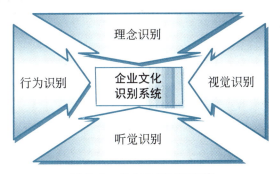

图2-1 企业文化识别系统

其中，文化理念作为企业文化的基石和灵魂，是被企业上下广泛接纳并深信不疑的价值观念。企业文化理念就像黏合剂，从思想、信念、感情、行为等各方面综合作用，鼓励员工怀揣责任与理想，奋发进取，齐心协力，形成强大的企业凝聚力和向心力。

视觉识别属于企业形象识别系统中视觉化、具体化、规范化、静态化的外在传达形式，通过视觉符号的展示，促使企业员工、客户、社会公众等对企业形成统一完整的视觉印象，传递企业的文化理念和经营理念。

在某种程度上，音乐、视频比文字更有穿透力、吸引力和震慑性，这就是听觉识别的重要性和独特性体现。

作为企业理念识别系统的规范化外在表现，行为识别是指在内部协调和对外交往中，通过员工行为或企业活动贯彻执行企业理念。只有在企业理念的统一指导下，各种行为才能规范、得体，并被企业上下普遍认可和接受。

### 2.1.1　理念识别

企业文化理念主要包括企业愿景、企业使命、核心价值观和企业精神等方面。

#### 2.1.1.1　企业愿景

企业愿景是企业奋斗的方向和目标，代表企业的远大理想与最高追求，是企业员工广泛接受并深刻认同的共同理想，也是以全体员工整体愿望为根底的基本信仰。它能激发员工产生强大的思想动力，营造上下同欲、共建共享的企业氛围。只有在统一愿景的鼓舞下，员工才能拧成一股绳，不为一己之私，而为共同的企业荣誉和良好形象自觉自愿地倾情投入。

比如，国家电网公司的企业愿景是"建设世界一流电网、建设国际一流企业"；中国移动的企业愿景是"成为卓越品质的创造者"；神华集团的企业愿景是"坚持矿、路、港、电、化一体化发展，打造国际一流大型能源企业"等。

这些宏大、伟岸且充满强烈进取意识的表述，几乎是所有中央企业愿景的缩影，体现了高度的集体责任感和荣誉感，带有与企同心、追求卓越、奉献企业的集体主义精神印记。

再比如，亨利·福特在一百多年前说他的愿景是"使每一个人都拥有一辆汽车"；LG电子的企业愿景是"在21世纪成为数字领域的全球领袖"；新希望六和股份有限公司以"打造世界级农牧企业和美好公司"为长远愿景。

管理学大师彼得·德鲁克认为，企业要思考三个问题：第一个问题，我们的企业是什么？第二个问题，我们的企业将是什么？第三个问题，我们的企业应该是什么？这也是我们思考企业文化的三个原点，这三个问题集中起来体现了一个企业的愿景。

### 2.1.1.2 企业使命

企业使命告诉我们企业存在的意义、努力的方向和凝聚的目的，因而企业使命必须明确而具有指导性。正如德鲁克所言，一个清晰、明确及共同的使命，能使组织的成员凝聚起来，并创造出成果；如果一个组织缺乏明确的使命，它就会很快地没落。

中央企业的企业使命与企业愿景一脉相承，都饱含着高屋建瓴式的责任意识和集体意识，只是企业使命更多地指向了社会责任层面。例如：中粮集团的企业使命是"奉献营养健康的食品和高品质的生活服务，建立行业领导地位，使客户、股东、员工价值最大化"；国家电网的企业使命是"奉献清洁能源，建设和谐社会"；中国建筑股份有限公司的企业使命是"拓展幸福空间"；神华集团的企业使命是"为社会发展提供绿色能源"；中国航天科技集团有限公司的企业使命是"创人类航天文明，铸民族科技丰碑"等。

也有不少中央企业与民营企业的表述接近，把企业使命与企业经营业绩、行业地位、经济目标等方面紧密联系起来。比如，新兴际华的企业使命是"管通四海，装点五洲"，在强调主业的同时，突出国际化的战略；中国移动的企业使命是"创无限通信世界，做信息社会栋梁"，将企业独有优势与行业特点紧密结合，充分体现了中国移动争做行业先锋、努力奉献社会、勇为中流砥柱的强烈使命感和自主责任意识。

总之，企业使命的表述，要在保证企业取得经济效益的同时，力争成为行业翘楚，服务客户、服务股东、服务员工、服务社会。

### 2.1.1.3 核心价值观

杰里·波勒斯认为："核心价值观是公司的精神和持久的原则——是一套不需要外部调整的永恒指导原则。"

艾伦·肯尼迪认为："外围的行为和活动可以变化无常，但核心价值信念要始终如一。这样才能够在适应不断变化的环境的同时，仍然保持一种很强的公司身份认同。"

比如，南方电网公司的核心价值观"万家灯火，南网情深"，言简意赅，内涵深刻，既生动地传达了南网"点亮千万家"的崇高企业精神和郑重承诺，又强调以"情"织成关爱员工、服务客户、回馈社会的光明之"网"，彰显了企业的价值取向和社会责任。

再比如，中国广核集团有限公司（以下简称"中广核"）的核心价值观"一次把事情做好"，简洁明了但含义丰富，表达了"正确地做事，且力求更好"的信心和决心。

作为企业文化的基石，核心价值观代表着文化理念的核心，对于企业具有特定的价值意义。它通过观念的固化与内化，变成全体员工的思维方式、行动指南和日常习惯，并最终转化为实实在在的企业绩效。

### 2.1.1.4 企业精神

企业精神是推动企业可持续发展的不竭动力和精神力量，强调以企业独有的精神魅力征服企业员工，达到人心齐、泰山移的境界。

在核心理念塑造方面，中央企业与民营企业差别较大。在企业建设之初，民营企业的核心理念往往带有创始人的思想印记，但随着企业的发展，会融入新领导者的思维。而中央企业大多数具有深厚的历史文化积淀，所弘扬的核心理念是根据企业战略目标，吸收优秀传统文化因子和现代管理思想精华后提炼形成的。这种文化传承中，一把手的个性和魅力并不占主导，只是企业成立之初领导班子对文化理念的最终形成起了战略决定作用，但很难说中央企业核心理念中带有一把手思想的痕迹。

下面盘点一下国内著名民营企业的企业文化理念，主要梳理其企业使命、企业愿景和核心价值观等。相较于中央企业文化理念，民营企业的文化理念更灵活、更个性化并接地气，如表2-1所示。

表2-1 国内著名民营企业的企业文化理念

| 企业名称 | 文化理念 | 具体内容与表述 | 企业名称 | 文化理念 | 具体内容与表述 |
| --- | --- | --- | --- | --- | --- |
| 联想 | 企业使命 | 为客户利益而努力创新 | 华为 | 企业使命 | 为客户创造价值，推动行业良性发展，促进经济增长，促进社会可持续发展 |
| | 企业愿景 | 未来的联想应该是高科技的联想、服务的联想、国际化的联想 | | 企业愿景 | 构建更美好的全连接世界 |
| | 核心价值观 | 成就客户：致力于客户的满意与成功<br>创业创新：追求速度和效率，专注于对客户和公司有影响的创新<br>精准求实：基于事实的决策与业务管理<br>诚信正直：建立信任与负责任的人际关系 | | 核心价值观 | 华为十几万人，29年坚持聚焦在主航道，抵制一切诱惑<br>坚持不走捷径，拒绝机会主义，踏踏实实，长期投入，厚积薄发<br>坚持以客户为中心，以奋斗者为本，长期艰苦奋斗，自我批判 |

续表

| 企业名称 | 文化理念 | 具体内容与表述 | 企业名称 | 文化理念 | 具体内容与表述 |
|---|---|---|---|---|---|
| 百度 | 企业使命 | 用科技让复杂的世界更简单 | 腾讯 | 企业使命 | 通过互联网服务提升人类生活品质 |
| | 核心价值观 | 简单可依赖 | | 企业愿景 | 最受尊敬的互联网企业 |
| 阿里巴巴 | 企业使命 | 让天下没有难做的生意 | 京东 | 企业使命 | 让购物变得简单、快乐 |
| | 企业愿景 | 建立一家持续发展102年的公司；成为世界十大网站之一；只要是商人就一定要用阿里巴巴 | | 企业愿景 | 做中国最大，全球前五强电子商务公司 |
| | 核心价值观 | 客户第一：关注客户的关注点，为客户提供建议和资讯，帮助客户成长<br>团队合作：共享共担，以小我完成大我<br>拥抱变化：突破自我，迎接变化<br>诚信：诚实正直，信守承诺<br>激情：永不言弃，乐观向上<br>敬业：以专业的态度和平常的心态做非凡的事情 | | 核心价值观 | 激情、学习、团队精神、追求超越<br>客户为先：客户利益第一、为客户着想、为客户多做事<br>激情：积极、主动、勤快、向上<br>学习：谦虚、好学、进步、用脑<br>团队精神：合作、诚信、步伐一致<br>追求超越：创新、竞争 |
| 顺丰 | 企业愿景 | 成为最值得信赖的，基于物流的商业伙伴 | 万科 | 企业使命 | 成为中国房地产行业的持续领跑者 |
| | 核心价值观 | 成就客户：客户为先，创造极致的服务体验；随需而变，成就卓越的客户价值<br>创新包容：以创新之心，探求未知之路；以包容之道，佑创新前行<br>平等尊重：平等相待，视对方为另一个自己；彼此尊重，用倾听和理解接纳他人<br>开放共赢：拥抱变化，在开放中寻找发展；求同存异，在合作中赢未来 | | 核心价值观 | 创造健康丰盛的人生 |

续表

| 企业名称 | 文化理念 | 具体内容与表述 | 企业名称 | 文化理念 | 具体内容与表述 |
|---|---|---|---|---|---|
| 北大纵横 | 企业使命 | 推动组织的成长与变革 | 格力电器 | 企业使命 | 弘扬工业精神，追求完美质量，提供专业服务，创造舒适环境 |
| | 企业愿景 | 最受尊重的大型咨询机构 | | 企业愿景 | 缔造全球领先的空调企业，成就格力百年的世界品牌 |
| | 核心价值观 | 合作、敬业、创新、诚信、专长<br>组织理想：像家庭一样温暖人，像学校一样培养人，像军队一样要求人 | | 核心价值观 | 少说空话、多干实事，质量第一、顾客满意、忠诚友善、勤奋进取、诚信经营、多方共赢、爱岗敬业、开拓创新，遵纪守法、廉洁奉公 |

## 2.1.2 视觉识别

视觉识别系统主要包括基本要素和应用要素两部分。前者如企业名称、企业标识、标准字、标准色、象征图案等；后者如司旗、司徽、招牌、标识牌、陈列展示、建筑环境、办公用品、衣着制服、生产设备、产品包装、广告媒体等。

视觉识别对外树立企业名牌形象，提升企业及其产品的知名度和美誉度，对内强化员工的视觉认同，增强企业凝聚力。视觉识别如同运动会开幕式上方阵队伍的着装，既要展示整齐划一、美观大方的外在形象，又要体现特色鲜明的活力与内蕴。

比如，中国航空工业集团有限公司为统一集团形象，积极推进"六统一"战略，除理念统一、司歌统一外，还包括司徽统一、公司名称和标准字体统一、标准色统一、司旗统一。后四者皆为打造视觉识别体系的统一性，并要求在企业大门、家属区域等醒目位置或标志建筑上张挂出来。公司还为全集团50万员工制作了统一的制服，要求员工统一着装，同时制定集团服装标准和服装管理规范，适时开展服装"飞行检查"（突击检查），树立鲜明、统一的集团形象。

那么，具体如何进行企业文化视觉识别呢？应该特别注重以下三方面。

① 视觉识别不应仅仅成为VI手册中的硬性规定，而应进入广大员工的工作空间中，以及社会受众的视觉范围内。如果视觉识别只是书面上一项项设计精细的图文或是一条条严格的管理规范，却不能真正得以落地，就难以起到良好的效果。

② 企业标识在视觉识别系统中处于最核心的位置。企业应善于利用企业标识进行自我宣传，在企业内外时刻保持企业名称与企业标识并存，通过视觉上的刺激效应，强化员工的认同感和受众的认可度。

③ 在品牌识别方面，集团型企业往往拥有众多的子分公司和商标品牌。但值得注意的是，企业标识只有一个，企业必须处理好企业标识和诸多商标的关系，不能混淆使用，避免造成误导。大型集团企业在率领旗下各种品牌的同时，也要注意以企业标识和集团名称作为视觉标识核心，以免让受众在不了解具体情况时误以为该产品隶属于其他企业，这样不利于企业整体形象的提升和品牌影响力的扩大。

### 2.1.3 听觉识别

企业司歌是听觉识别系统的主要组成部分。企业司歌及其歌唱本身是一种极具仪式感的强烈的听觉刺激，它将企业文化理念以歌曲的形式具体化、生动化，利用多种渠道广为传唱，对内烘托团结向上的气氛，提升企业文化的统领性，对外美化企业整体形象，呈现一派欣欣向荣之象。

制作并规范使用司歌，在不少企业中早已实施。他们或请音乐专家谱曲填词，或请专家为企业已确定好的歌词谱曲，又或在企业内大范围开展司歌创作征集活动，鼓励员工发挥创造性，最后通过投票评选出最佳作品。司歌通常被用于新员工培训、企业重要纪念日、庆祝活动等文化仪式上集体学唱。有的企业还将司歌词曲在醒目的办公区域里展示出来，以期达到视觉和听觉双重内化的效果。比如，中航工业就在北京密云云湖培训基地将其司歌在大楼外侧墙面上以巨幅展示，将听觉识别巧妙地转化为视觉识别。

例如，"万家灯火，南网情深"既是中国南方电网公司的核心价值观，也是司歌歌名。国家电网公司创作了歌曲《爱如电》《我的名字叫中国》，员工也自创歌曲《家的牵挂》。中广核打造"十佳企业歌曲"、核心价值观"一次把事情做好"代言曲，同时开展"企业歌曲新唱响"活动。

再例如，《联想之歌》："我们的目光在科技高峰上翱翔……乘风破浪向远方……"广东德邦物流公司《我们的梦》："每一天都是新的征程，今天的我和昨天不同，年轻的心要勇敢上路……"大地集团《大地之恋》："你的阳光温暖我青春的梦园，你的雨露滋润我生命的四季……"

可见，每一首企业歌曲的歌词，其实都是用优美的语言和艺术的表达升华并传递企业文化理念，让企业员工在听到或传唱时，一次次加深对文化理念的理解和对企业文化的认同，形成文化指引和精神导向的标杆，引领员工遵循企业核心价值观，并身体力行。

### 2.1.4 行为识别

哲学家王阳明有言："知是行的主意，行是知的工夫；知是行之始，行是知之成。"

对于企业而言，所谓的"知"，乃源于全体员工的智慧及对企业理念的思想认同，而这也是企业一切"行"的根本立足点。

一人为之，谓之行动；众人共为，谓之文化。文化体现在一个人身上，便是他的举手投足、一颦一笑，乃至整个气质；文化体现在一个企业中，则是企业的外在环境、内在管理以及员工的一言一行。而企业行为识别作为企业明确的规范性准则，具体体现在企业员工所要遵守的行为准则和一致的日常行为中。

不少企业就以道德规范和伦理标准作为建立行为识别系统的基本价值准则，制定并印发员工行为规范手册，有的还制定不同类别员工或领域的行为规范，如中层管理人员、领导干部行为规范手册，以及质量、安全施工等专业领域的行为规范，将企业所倡导的核心价值理念外化于行，同时通过对以行为规范手册为主要内容的考试来巩固强化实施效果，并要求相关人员严格依照规定实施。

例如，中远集团不仅规定员工行为规范，还对远洋船员、陆上员工、驻外人员、中层管理人员、企业经营者等不同类型员工分别进行了行为规范。国家电网公司制定员工守则、基本礼仪，以及包括供电服务"十项承诺"、员工服务"十个不准"、调度交易"十项措施"在内的"三个十条"等规章制度，划出员工服务行为的底线和不能逾越的"红线"，要求员工遵纪守法、言行一致。

又例如，中国大唐集团公司的行为识别系统包括企业形象定位（企业形象、领导人形象、员工形象）、基本道德规范（企业道德规范、全体员工道德规范）和基本行为规范（领导班子行为规范、普通员工行为规范），内容基本由道德层面的描述性短语构成。这符合大唐集团"人为本、和为贵、效为先"的核心价值观。

再如，《联想集团员工手册》内容涉及集团概况、员工基本行为规范、安全生产、劳动管理规定、员工薪酬福利标准、劳动关系、奖惩制度和人力资源开发制度等事项。目的是助力员工有条不紊、卓有成效地工作，更好地发挥每个人的聪明才干。

这些行为识别的规范术语简明精要，便于记忆，有助于企业领导和员工在日常工作中对照自身行为，不断修炼改进。

总之，企业通过行为识别将企业文化以行动的方式落实到员工日常的工作中，不折不扣地引领所有员工当好企业文化的践行者和行为规范的遵循者。

## 2.2 企业文化传播系统

文化传播好比播撒企业文化的种子，通过精心挖掘、培育和播种，使企业文化在员工心中生根发芽，茁壮成长。企业文化传播具有过程化、系统化的特点。

企业文化本身的要义在于凝心聚力，但其生命力更在于通过对内渗透、对外传播来激发企业内在活力。企业文化传播系统的具体运作主要包括加强文化宣传、树立文化典型、设计文化仪式和担当社会责任四种方式。

要建立和完善企业文化传播系统并探索传播的新形式、新方法、新载体，积极建立传播系统，完善企业文化传播长效机制，注重传播的及时性、有效性和持续性；通过整理企业内外传播资源，综合利用各种传播渠道，借助各种有效载体和丰富的形式传播企业文化，增强企业文化的穿透力和感染力，加大企业文化对外传播力度，提升企业文化和品牌价值，同时努力让员工成为企业文化的传播者和践行者。

## 2.2.1 加强文化宣传

宣传——宣而传之，既是对企业信念的肯定，又是传播企业优秀文化、树立企业良好形象的重要途径。在某种意义上，文化宣传也是生产力。文化宣传依靠载体，载体是传播企业文化的重要渠道之一，丰富的载体是企业文化建设的有效推手。

加强文化宣传包括开发应用多种媒体，包括出版物、宣传栏、书刊、报刊、电视等传统媒体，以及网络、微博、微信等新媒体来传播企业文化，以强化阵地建设形成上下畅通的文化沟通网络，明确企业文化宣传载体的功能定位，建立和完善多渠道、立体化、网络型的企业文化宣传载体体系和企业文化传播格局，构建多元化企业文化宣传平台等，如图2-2所示。

图2-2 企业文化宣传的多种媒体

#### 2.1.1.1 书刊

书刊是企业传统传播系统中最为常见的载体。不少企业内部编辑出版一些书籍或报刊，传播企业文化理念，报道企业重要新闻、重大活动、员工风采等，或者就某一类主题出版系列图书。

例如，中国华电连续编发了《价值思维15问》《可持续创造价值15问》《创建世界一流能源集团15问》系列读本，鼓励员工为"建设具有国际竞争力的世界一流能源集团"不懈奋斗；还出版了《华电思维》《华电故事》《华电之歌》《华电观点》《华电视点》《华电关注》《华电方略》等企业文化系列图书，多角度、立体化地集中展示华电文化精髓。

通用技术集团编辑出版了约3.5万字的《企业文化宣讲教案》，从使命、价值、管理、规范四个方面全方位解读通用企业文化，作为一本实用性强的内部读物印发给全体员工。

"百年老字号"同仁堂为传播其深厚的历史文化底蕴，专门聘请知名作家撰写了文艺作品《国宝·同仁堂》和《同仁堂：传承与发展：北京同仁堂二十年改革发展记》，深情地讲述同仁堂三百余年的历史沿革和生生不息的文化内核。

#### 2.1.1.2 新媒体（网络、微博、微信、微电影[1]等）

当前，几乎所有中央企业和不少民营企业均在企业官网上开辟了"企业文化"专栏，简要介绍企业文化核心理念，或对企业文化相关内容进行动态更新。几乎没有企业不开通微信公众号，不少企业还开通了官方微博。新媒体传播热潮已势不可挡。

同时，企业积极利用新媒体即时性、多形式、广覆盖的特点，以及信息共享、观点自由、传播迅速的趋势，与时俱进，大胆创新，积极与公众沟通，为用户服务，接受社会监督，构建企业自媒体平台，探索与员工、网友多维度沟通交流，利用新载体强化互动传播功能，打造一个崭新的立体化传播载体空间。

微电影也逐渐成为企业热衷的一种艺术化展现手法，能够发挥员工的想象力和创造性，具体生动地传递企业正能量，为企业文化的传播发挥重要作用。

例如，中粮集团拍摄的首部微电影《幸福家味道》，隐含着中粮"好产品"让客户品味到"幸福家味道"的深层含义，以贴近现实的故事象征性地体现了中粮集团通过打造全产业链，向社会奉献营养健康食品、提供高品质生活服务的企业使命，艺术化地诠释了关爱客户、关心员工的企业文化氛围。

如何看待目前企业对企业文化微电影的重视程度和作用？我们可以看看首届深圳企业文化微电影大赛。参赛企业有118家、优秀微电影作品有258部，涉及科技、金

---

[1] 也包括微视频。

融、文化、物流、珠宝、设计、地产、环保等各个产业、行业，涌现出一大批内容新颖、制作精良、富有艺术性和观赏性的优秀微电影作品，集中展现了深圳企业文化蓬勃发展的最新成就，展示了深圳企业与企业家超越自我、追求卓越、奉献社会、勇于担当的光彩群像和昂扬精神。

当然，如今的互联网时代，在各式新媒体中，微信订阅号、服务号可谓一枝独秀，发展迅速。微信号公众平台集图文、音频、视频于一体，极大丰富了信息内容和形式，还尝试探索微视频、微动漫、微活动、微互动、微典型等多样的传播手段，同时使传播速度呈立体几何式发展。

例如，武汉钢铁集团、中国中车、中航工业等中央企业的微信内容和形式创新多样，社会关注度高。诸如中国中车的"高铁的前世今生""嫦娥玉兔历险记"，中航工业的"珠海航展微体验"，中国神华的"百名矿工微典型"等微信内容，通过融合多种媒介元素深耕细作，在社会上引起了广大反响。

又如，中化集团开辟了官方微博、微信、文库、百科、云盘等多媒体应用平台。其官方微信以"无微不至，有信必达"为运营主旨，主要设置中化人（展现中化员工的风采面貌）、中化事（记录中化发展的珍贵瞬间）、中化情（铭记感动你我的点点滴滴）、中化茶（品味生活、工作的酸甜苦辣）、微课堂、微活动等栏目，通过推送企业新闻、企业文化、员工风采、心得感悟等内容，以精巧俏皮的语言报道有范儿的中化人、最"IN"的中化事、浓浓的中化情、淡淡的下午茶。

### 2.1.1.3 展示平台

中央企业通过完善企业文化基础展示设施，如企业形象宣传片、企业文化墙、企业荣誉展室、职工文体活动场所、图书馆、传统教育基地、企业展会等，来建立企业文化展示阵地。如中粮集团以传播忠良文化为中心，在忠良书院里常年开设忠良博物馆。

大多数民营企业也通过制作企业文化手册、企业整体形象宣传片、科技创新、企业文化等专题宣传片以及发布社会责任报告等，加强企业形象和文化展示效果，集中宣传企业文化核心价值理念，促使文化理念真正入眼、入耳、入脑、入心。有条件的一些民营企业更是做到企业文化手册人手一册，确保核心价值观的全员共晓和全面共享，提高企业员工对企业价值理念的认知度和认同感。

新一轮企业文化传播系统的构建，正力图在传播载体的广度、内容的新鲜性、形式的活泼性上下功夫，同时注重亲和力的营造，给人以接地气的感觉。

下一步，打造新媒体矩阵将成为企业传播企业文化的重要途径之一，甚至成为主流。不论新媒体还是传统媒体的形式如何，都只是企业文化传播的一种载体，归根结底还是看传播的效果怎样，能不能将企业核心价值理念以更合适的方式传播出去，更好地贴近人心、深入人心。

### 2.2.2 树立文化典型

管理咨询顾问艾伦·肯尼迪说过:"如果说价值观是文化的灵魂,那么英雄人物就是这些价值观的人性化体现和组织力量的集中缩影。"

英雄人物作为企业核心价值观的具体化身,是企业文化传播途径中理念人格化的生动载体。他们身上体现着企业文化,同时也为员工提供了可供学习和效仿的榜样。英雄人物的事迹被编辑、被讲述、被传颂的过程,就是企业核心理念故事化、具象化、典型化的文化根植和传播过程。

文化典型的树立往往通过故事化的形式予以呈现,依据"见人、见事、见精神"的脉络梳理文化典型意义的彰显路径,通过记录、编辑并讲述文化典型的优秀事迹,将典型人物作为企业文化的传递者浓墨重彩地烘托出来。中央企业格外注重积极树立企业文化典型,并利用各种渠道进行宣传。

例如,中粮集团通过举办隆重的表彰仪式,奖励德才兼备、业绩突出的年度杰出团队"百战奖"和优秀经理人"再读奖",并让他们在仪式上讲述其不凡之处;评选表彰基层"阳光班组"和一线"忠良员工",推广他们在安全生产、质量控制、成本节约等方面的成功经验。同时,表彰先进基层人物,鼓励一线员工在平凡的岗位上踏实肯干,勇于创新,甘于奉献,争做岗位能手,实现自我价值。中国通用公司以《通用人故事》讲述身边事、身边人,发挥优秀通用人典型事迹对推行企业文化的示范、引导和激励作用。

又如,中国航天科技集团为宣传企业廉洁文化,编辑了钱学森"姓钱不爱钱",孙家栋"长笑白云外,名利怎挂心",聂荣臻"拿了一两,你就撤了我"等讲述一流科研工作者不为金钱所动、不被名利所惑的廉洁故事。故事短小精悍,主题突出,耐人寻味,便于记忆和传颂。

以文化典型进行传播,是企业文化传播系统中常见的一种形式,甚至可以说是一种传统,而选树英雄人物、编撰文化故事、评选示范单位等都是企业文化典型传播的具象表现。总之,企业树立文化典型的过程其实是企业文化由小及大、不断扩散的过程。在学习典型、讲述故事、评选先进的过程中,企业文化理念也得到了具象化的演变和传承。

### 2.2.3 设计文化仪式

通过文化仪式传播企业文化,能够潜移默化地增强员工的归属感和认同感。文化仪式的中心任务即通过仪式深化企业文化理念。仪式通过识别和纪念对企业具有特殊意义的关键事件,体现企业核心价值观,唤醒集体主义精神。

艾伦·肯尼迪说过："在每种仪式背后，都有一个体现了文化核心信念的寓意。"

例如，当IBM的员工想要喝杯咖啡时，他们会和同事或客户一起去。IBM人不会以讨论棒球赛和牛排的价格作为一天工作的开始，而是会关注公司、行业以及他们自己的专业。在假日酒店成立初期，其早餐前祈祷也有类似的意义。而在很多公司中，每周五定期有午餐集会，全体员工会以平等的方式聚在一起吃饭，除非工作安排得太满以致他们无法来参加。因为只有在这种亲切的气氛中，才可以谈论一些严肃的话题，而且以一种看起来不那么严肃的方式。

又如，在威克特公司，仪式化的午餐活动还服务于另一个目的。按照该公司总裁和创始人罗尔·哈普的说法："一年前我开始举办这种友谊午餐会，每星期我们会在全公司里传一张签名单，总共可以有九个人在上面签名，与副总裁或我去饭店共进午餐。我每五个星期去一次。"

在一个企业文化系统内部，文化仪式通过两种方式优化文化传播效果和增强感染力，一种是隆重，另一种是重复。在具体方式上，包括各种主题活动、各类庆典活动、企业文化培训和新员工入职培训等。

例如，中国航天科技集团在元旦、"七一""十一"以及重要试验、发射任务的试验队出征前，都要举行升国旗、司旗仪式；新员工入职时，也举行正式的入职仪式，面向国旗、司旗宣誓，增强员工对航天事业的荣誉感、自豪感和责任感。中国石油天然气集团坚持弘扬大庆精神、铁人精神，评选"新中国成立60年最具影响力的60句石油名言"；组织"石油魂——大庆精神、铁人精神"巡回宣讲活动数百场，范围遍及所属单位，成为全国"企业文化30年实践十大典范案例"之一。

企业文化培训是文化仪式中的一种特殊形式。企业通过培训能让更多员工接受企业文化的培育和熏陶，加深员工对企业文化的重视程度和认识深度。企业可以利用各种培训加强企业文化建设，针对企业不同群体开展企业文化培训或专题教育。

例如，中国航空工业集团以中航大学为平台，建立良好的文化培训机制，先后对集团总部、所属企业数千名高管人员、中层干部和普通员工开展了集团文化脱产或专题培训，深化集团上下对中航工业文化的认同，增强员工对企业的使命感和责任感。

此外，新员工入职培训也是加强企业文化传播力度的一个良好契机。入职培训对于新员工而言，是接受企业文化洗礼的开始，也是企业文化传播的起点。绝大多数企业都会举行新员工入职培训，重在向新员工传递企业发展史、企业文化、主营业务等企业基本信息。最关键的是，入职培训能促进企业文化的良性传播，给新员工以良好的第一印象。

总体而言，无论群众性文化活动、庆典活动还是文化培训，企业文化仪式的目的性和针对性均较为明确，仪式感和程序化倾向较强，通过各种活动营造氛围，使员工逐渐感悟文化的浸润和企业核心价值观、企业精神的精髓，成为企业文化宣传的重要手段。

### 2.2.4 担当社会责任

曾经的三聚氰胺丑闻、黄光裕事件、百度风波等一系列令人猝不及防的事件,让所谓的企业家们卷入丑闻,企业家的社会责任与商业道德也遭遇质疑。企业所担当的第一责任必然是以实现利润最大化为目标的经济责任,但同时也有促进社会福祉实现的社会责任。社会责任主要包括经济责任、环境责任、道德责任、市场责任、法律责任等,涉及客户、员工、政府、合作方、社会团体、公众等诸多利益相关方。

亨利·大卫·索罗说过:"如果公司没有良知就糟透了,但如果公司拥有有良知的人,这公司就拥有了良知。"

美国《财富》杂志曾在对美国1000家公司的调查中发现,95%的被调查者坚信在今后的几年中,他们必须采用更具有社会责任感的企业行为以维持他们的竞争优势。

社科院CSR研究中心发布的《中央企业社会责任蓝皮书2018》中显示,在最新的中国企业300强(国、民、外)社会责任发展指数排名中,中国三星再次荣膺外企第一。三星称:"做中国人民喜爱的企业,贡献于中国社会的企业,是中国三星的责任理念。"

零点调查的数据显示,中国民众对企业社会责任的履行要求主要为五个方面,按重要性排序依次为产品安全责任、环境保护责任、公众安全责任、依法纳税责任、公益事业责任。换言之,履行公益事业责任仅是践行社会责任的最低一层,而产品安全责任才是企业的最基本责任。

迄今,几乎所有中央企业均对外发布了社会责任报告,有的企业坚持每年或每两年及时更新社会责任报告。国家电网2006年初率先在中央企业中发布了《国家电网公司2005社会责任报告》,并坚持每年发布一次,承诺以"履行科学发展和安全供电责任,保障更安全、更经济、更清洁、可持续的能源供应"为核心社会责任,全面深化落实社会责任工作。

## 2.3 企业文化管理系统

企业文化始于建设,成于管理,具有文化和管理的双重属性。企业文化既是思想的再造,也是管理的革命。文化与管理的融合是企业追求卓越的根本要素,文化引领下的管理更利于人心的统一。企业文化管理系统的具体运作包括完善体制保障、梳理专项文化和夯实基层文化等方式。

管理者必须通过建章立制、规范行为、完善流程，将作为企业灵魂的文化，恰当地融入企业管理的机理之间，让价值体系的能动作用与管理体系的强制作用双管齐下，形成深层的凝聚力和高效的执行力，为构建企业文化管理系统奠定基础。

## 2.3.1 完善体制保障

企业文化体制机制建设有助于固化企业核心价值观，文化理念也需要通过体制机制建设的支撑成为员工的自觉行为。建立长效机制，加强基础管理，是企业文化管理步入良性发展轨道的必然保障，主要包括组织保障、制度保障、人才保障和经费保障。

（1）组织保障

没有坚实有力的组织保障和企业领导层的支持引导，企业文化管理便如同空中楼阁，根基不稳，以致难以支撑起企业文化大厦的构建。要建立企业文化建设领导体制和企业文化岗位责任制，根据条件适时成立企业文化建设委员会，明确企业文化主管部门、工作人员及相关部门企业文化建设职责和分工，建立切实有效的工作机制，形成企业领导定期听取工作汇报、研究解决企业文化有关重要问题的相关制度，以及各部门、各层级协作推进的企业文化建设工作机制。

例如，国家电网成立了企业文化建设领导小组，完善了各部门、各层级协作推进的企业文化建设工作机制。中航工业建立了"各级行政一把手是文化建设第一责任人，党委负责组织实施，各职能部门分工负责"的三位一体企业文化建设组织领导体系。

（2）制度保障

制度保障是企业文化管理系统中的硬约束，规章制度是文化运行的基础，是企业文化落地生根的重要保障。在制定规章制度、管理办法、操作守则、工作职责的过程中，要注意与企业文化理念和精神内核相匹配、协调。

例如，国家电网制定企业文化建设三年规划，明确企业文化建设的指导思想和重要意义，建立了"统筹协调、分工负责、运转高效"的工作机制。为巩固大庆精神、铁人精神的文化核心地位，中国石油制定了一系列企业文化制度，形成了较为严密的企业文化制度机制，如实施《中国石油思想政治保障体系》《企业文化建设纲要》《企业文化建设工作条例》，编制《企业文化手册》《企业文化辞典》，并在集团公司《基层建设纲要》《基层党支部工作条例》《海外单位党建工作条例》等文件中对企业文化建设工作做了相关规定。

（3）人才保障

"有人则企，无人则止。"作为企业发展的重要战略资源和核心竞争要素，人才对于企业文化的繁荣与深化同样重要。

例如，中国航空器材集团建立企业文化建设联络人队伍，加强队伍培训。中国大唐将全系统企业文化工作者纳入"大唐文化"QQ群，通过每天共享同心故事、每周推出电子期刊的方式，让数百名专职或兼职的文化工作者共同学习，团结协作，建设高效团队。

（4）经费保障

一些大型企业集团设置了企业文化建设专项经费并纳入企业预算管理。例如，中国电力投资集团将企业文化建设工作纳入科技项目管理范畴，同时给予相应的资金支持。但体量不大的企业在企业文化建设经费管理方面明显力度不够，没有企业文化建设专项经费支持。一些规模不大的企业只是根据企业文化建设的具体事项临时拨款或归于福利项目预算中，而没有企业文化建设的专项经费。这也在一定程度上制约了企业文化的发展。

### 2.3.2 梳理专项文化

专项文化是将企业文化与企业管理相融合的捷径，如创新文化、品牌文化、人本文化、质量文化、廉洁文化、安全文化、和谐文化、服务文化等。在"三个结合"上下功夫，即明确专项文化的建设理念，使之与管理的建设方向和目标任务相结合；强化专项文化的制度支撑，使之与管理的制度流程建设相结合；完善专项文化的实施过程，使之与管理项目的推进实施相结合。将文化精髓切入管理的要害，真正内化于心，固化于制，外化于行，汇聚企业向上的不竭之力，将文化力转变为生产力，使企业文化之根持续延伸，为造就强企奠定坚实根基。

以创新文化为例。企业创新文化是指企业在创新管理活动中所形成的具有本企业特色的创新物质形态和精神财富的总和。中国航天科工集团积极创建创新文化，主要特色是建设科技创新体系，在体系建设、制度建立、资金投入、品牌塑造、投融资体制等方面下力气，用心打造核心技术和企业竞争力，创建科技创新队伍和国际知名品牌，形成良好的创新氛围和军民融合的发展格局。

专项文化建设要从价值观、制度规范、物质文化环境等各方面入手，通过理念宣贯、制度建设、文化活动、业务支持、管理支撑等方式将专项文化与企业管理相融合，推动企业文化落地。

### 2.3.3 夯实基层文化

在某种意义上，基层文化是企业文化管理系统中最细微的一个层面。集团公司层面的"大一统"文化因为基层文化的存在而有了更契合企业实际的生动模样。

全国性集团公司为保持企业的整体性，应该依靠"资本纽带""权力纽带""业务纽带""文化纽带"来维系其所属子企业。而前三根纽带都相对脆弱，唯有文化纽带最有韧性、最持久。

企业文化建设在强化集团化运作时期一般实行"一主统领"，要求所属子企业严格执行统一的集团文化，紧紧围绕集团文化的主线建设和延展，尤其是在文化理念上，要坚持集团文化的统领性、规定性和导向性，以共同的价值观编织坚韧的精神纽带。如中航工业成立伊始就主推强文化，由集团高层决策并广泛宣贯企业文化理念体系。

首先，最具代表性的基层文化就是中央企业所属子分公司的企业文化。尤其是像国家电网、中国移动等大型集团公司，其子分公司有上百家，基层文化在集团文化的统筹下百家争鸣，特色各异，形成了主旋律下独特的亚文化，构成了集团文化下丰富多彩的基层文化。

其次，就是班组文化。班组文化是企业基层文化的一种基本形式。班组是企业的细胞，是企业的一线。不仅生产任务目标要靠班组去完成，安全生产事故也多发生在班组。同时，企业先进的管理理念、科学的管理制度、合理的劳动组织、完善的安全措施，都要靠班组去贯彻落实。班组是企业最基础的管理组织和各项工作的落脚点。班组文化就是以小型团队为核心，共同建构符合团队特点、提升团队整体效益的文化。

班组的现场管理水平是企业的形象、管理水平和精神面貌的综合反映。班组文化是最基层的文化，也是衡量企业素质及管理水平高低的重要标志。搞好班组生产现场管理，有利于企业增强竞争力，改善生产现场，消除"跑、冒、漏、滴"和脏、乱、差状况，提高产品质量，保证安全生产，提高职工素质，对提高企业管理水平、提高经济效益、增强企业竞争力具有十分重要的意义。

例如，中国华能集团德州电厂广泛开展班组文化建设，制定《班组文化建设指导意见》，提出班组文化建设思路，并将班组文化的建设情况纳入班组建设的考评体系中。中国电信深州分公司努力打造"活"的特色团队文化，让文化从宣传口号和红头文件中跳出来。结合单位工作特点，提出太阳花文化、胜文化等主题鲜明的特色团队文化理念，运用打造文化墙、制作卡通画、推广手操语、选树小典型等多种形式营造特色团队文化建设氛围，通过特训营、交流会、晨会等活动开展班组建设，同时通过明确特色团队建设原则、健全工作机制、搭建展示平台等方式，促进团队和谐向上。还有的企业班组文化墙上的标语为"严格管理精益化，规范管理科学化，创新管理全员化""流水不腐，班建不蠹""班组连着你我他，创先争优靠大家"。

通过班组文化真正建立起优秀班组标杆，就可以通过标杆平台的有效保障刮起标杆风潮，促进其他班组学标杆、追标杆、超标杆，充分发挥标杆的辐射作用，激发员工激情，激发班组活力。

## 2.4 企业文化评价系统

评价一个企业是否具有优秀的文化内涵，企业形象是重要的评判标准，正如评价一个人的品位，可以从一个人的穿着进行判断。积极塑造企业形象，可以促使员工主动认知企业所倡导的价值理念和行为规范，深化员工对企业价值理念和行为规范的认同。

企业文化评价既是评估企业文化传播效果的重要手段，也是激励企业文化建设持续改进的有效方式。建立企业文化评价体系，实行长效考评机制，是促进企业文化建设良性循环的科学方法，是推动企业文化建设工作的激励机制，也是推广企业文化先进经验与优秀成果的必要途径。企业文化评价系统的具体运作包括确立评价目的、制定评价标准和建立评价体系等方面。

### 2.4.1 确立评价目的

建立并实施企业文化建设考核评价体系，对于持续完善企业文化建设、不断提高企业文化水平具有重要意义。企业文化系统构建也应符合企业文化的管理流程，因为企业文化建设的持续改进需要管理者及时对企业文化实施科学的分析、评估和反馈，建立企业文化建设工作绩效考评与奖惩制度，找出差距，弥补不足，调整更新。

企业文化评价工作通过规范管理和综合反馈的流程，使企业文化价值理念最终转化成员工的自觉行为，使员工成为企业发展最具活力的细胞，进而形成推动企业发展的向心力、凝聚力和创造力。

### 2.4.2 制定评价标准

企业文化评价标准是进行企业文化评价的主要依据，是衡量企业文化建设情况的关键指标。企业文化评价标准是否科学、合理、有效，是决定企业文化评价成败的关键。总体而言，企业文化评价标准应遵循客观性、有效性、可行性和系统性等基本原则，并结合企业实际情况制定。

### 2.4.3 建立评价体系

企业文化评价体系包括企业文化建设工作评价体系、企业文化建设状况评价体系和企业文化建设效果评价体系三个部分。

（1）企业文化建设工作评价体系

主要从企业文化管理层面切入，考核包括组织保障、工作指导与载体支撑、考核评价与激励措施等方面的建设成效。组织保障涉及领导体制、主管部门、职责分工等；工作指导与载体支撑涉及制度建设、主题活动、文化设施、专题研究等；考核评价与激励措施涉及考核评价、推广典型、评优表彰等，具体如表2-2所示。

表2-2 企业文化建设工作评价体系

| 序号 | 一级指标 | 二级指标 |
| --- | --- | --- |
| 1 | 组织保障 | ① 明确企业文化建设领导体制<br>② 企业领导定期听取工作汇报，研究解决有关重大问题<br>③ 明确企业文化主管部门与人员<br>④ 相关部门企业文化建设职责分工明确<br>⑤ 对本系统企业文化工作人员进行业务培训<br>⑥ 广泛发动员工参与企业文化建设 |
| 2 | 工作指导与载体支撑 | ① 将企业文化建设纳入企业发展战略<br>② 制定企业文化建设规划（纲要）<br>③ 年度工作有计划、有落实、有检查<br>④ 组织开展课题研究和专题研讨<br>⑤ 开展企业文化主题活动<br>⑥ 开展员工企业文化培训、专题教育<br>⑦ 充分利用企业媒体（包括报刊、电视、网络）传播企业文化<br>⑧ 完善企业文化设施，如传统教育基地、企业文化展室、职工文体活动场所等<br>⑨ 开展子文化建设，如廉洁文化、服务文化、质量文化、安全文化等<br>⑩ 经费有保障并纳入预算管理 |
| 3 | 考核评价与激励措施 | ① 对企业文化建设工作进行考核<br>② 总结推广企业文化典型经验<br>③ 开展企业文化建设评优表彰活动 |

（2）企业文化建设状况评价体系

主要从企业文化结构出发，考核企业精神文化、制度文化和物质文化的建设状况。精神文化涉及企业使命、企业愿景、核心价值观、企业精神的确立；制度文化涉及规章制度、员工手册、新闻发布、舆情处理等方面；物质文化涉及视觉识别、企标使用、制定行为规范、发布社会责任报告、创建文明单位等，具体如表2-3所示。

表 2-3　企业文化建设状况评价体系

| 序号 | 一级指标 | 二级指标 |
|---|---|---|
| 1 | 精神文化 | ① 确立企业使命（或企业宗旨）<br>② 确立企业愿景（或组织战略目标）<br>③ 确立企业核心价值观（或经营理念）<br>④ 确立企业精神 |
| 2 | 制度文化 | ① 企业规章制度健全<br>② 将企业文化理念融入企业规章制度<br>③ 建立员工岗位责任制<br>④ 印发员工手册（或企业文化手册）<br>⑤ 制定新闻危机处理应急预案<br>⑥ 建立新闻发布制度 |
| 3 | 物质文化 | ① 建立视觉识别系统（企业标识、标准色、标准字、司旗和司歌等）<br>② 制定视觉识别系统的使用规定<br>③ 制定全系统企业标识使用规范<br>④ 制定员工行为规范<br>⑤ 在本系统开展文明单位创建活动<br>⑥ 发布企业社会责任报告 |

（3）企业文化建设效果评价体系

主要从企业文化的建设效果和反馈情况出发，考核企业凝聚力、企业执行力、企业形象、生产经营等方面。企业凝聚力涉及员工对企业价值理念、发展战略、规章制度等的认可度；企业执行力涉及员工遵纪守规、行为习惯、精神状态以及班子成员违规违纪情况；企业形象涉及客户满意度、获奖荣誉、先进典型情况等；生产经营涉及企业守法、诚信经营以及经营业绩等情况，具体如表2-4所示。

表 2-4　企业文化建设效果评价体系

| 序号 | 一级指标 | 二级指标 |
|---|---|---|
| 1 | 企业凝聚力 | ① 员工对企业价值理念的认同度<br>② 员工对企业发展战略的认知度<br>③ 员工对与本职工作相关的企业规章制度的认可度<br>④ 企业维护员工合法权益情况<br>⑤ 员工对在企业中实现自身价值的满意度<br>⑥ 近三年企业职工到上级机关上访等群体性事件的情况 |

续表

| 序号 | 一级指标 | 二级指标 |
|---|---|---|
| 2 | 企业执行力 | ① 员工遵守企业规章制度的情况<br>② 员工在工作中形成良好行为习惯<br>③ 员工爱岗敬业的精神状态<br>④ 近三年企业领导班子成员中违规违纪的情况 |
| 3 | 企业形象 | ① 客户对企业产品或服务的满意度<br>② 近三年企业在"四好班子"建设、党的建设、思想政治工作、企业文化和精神文明建设方面获得党政机关授予的全国或省部级荣誉称号<br>③ 近三年企业先进典型情况（含集体、个人） |
| 4 | 生产经营 | ① 近三年企业守法、诚信经营的情况<br>② 近三年企业经营业绩情况 |

第 3 章

# 通过特色设计识别企业文化

视觉识别体系在企业文化体系构建中属于基础性环节，因为建立具有传播性和感染力的统一视觉符号系统，能为企业识别、品牌塑造、对外宣传等提供最直接有效的方式，也将企业文化理念、特质、规范等抽象概念转变为具象符号，系统、完整、形象地传达出来。

就目前而言，很多企业在构建视觉识别体系上都下足功夫，积极建立完善的视觉识别系统，制定VI手册及其管理规定，设计工牌制服和加强管理，并全面推广实施，给人眼前一亮的感觉，以占领大众视觉范围的更多领域。

企业文化建设需要"先礼后兵"，在善于文化造势的同时，需要通过"文化审计"等手段，借助ISO 9000质量管理等体系，把文化理念的内涵转化为企业管理的流程要求和工作标准，并融入企业的规章制度中；建设环境管理体系，融入企业员工的日常行为规范中；把企业文化理念的内涵渗透于企业经营管理的方方面面，从而形成抓企业管理，促企业文化建设的良好局面。

如今，大多数中央企业、中小民营企业，甚至是不少初创公司，在制定并推行视觉识别基本要素系统方面都做得很完善、很成体系，有的还专门制定实施了集团企业形象规范手册、视觉识别规范手册以及员工日常行为规范等。但是，在应用要素方面表现得良莠不齐，还有待进一步提升。

## 3.1 文化符号要素创新设计

就像创作一本书，或者打造个人IP一样，一家公司的企业文化也带有明显的外在特征和内在感知度。首先，企业标识、Logo等是认知一家企业外在特征最直接、最有冲击力的首要影响因素；其次，客户群体、合作伙伴等都能够接触到这家企业的管理标准化、效率化的内容，以及工牌制服、整体环境；最后，企业内外和周边所有合作群体会通过员工行为层层深入了解企业文化直至达成合作共识。

### 3.1.1 企业标识设计与品牌识别

#### 3.1.1.1 企业标识设计

企业标识（Logo）是视觉识别系统中的首要视觉冲击元素。有的中央企业的视觉标识设计得醒目独特，寓意深刻，成为企业文化传播的重要一翼。如中国大唐集团公司的企业标识，由小篆体的两个汉字"大唐"构成，如图3-1所示。

图3-1 大唐集团的企业标识

从图案来看，两个字形似大钟，稳如泰山，寓意企业稳健务实，根基深厚，前程似锦。从字形来看，标识由"大"和"唐"二字叠加而成，紧凑协调，方圆结合，寓意公平公正、团结和谐。其中，"大"字顶部出头，预示企业蒸蒸日上的发展态势和无限广阔的发展前景。标识的色彩选用正红色，色泽鲜艳，喜庆夺目，象征企业的未来灿烂辉煌。而大唐集团企业标识的最大特点就在于，与大多数中央企业标识中引用了企业英文名称不同，它完全运用汉字的有机组合，形象直观，易于识别，便于传播，视觉识别性较强。

#### 3.1.1.2 品牌识别

视觉识别系统中的品牌识别也是相当重要的综合性文化元素。尤其是集团企业，所属分、子公司和事业部较多，产品类型较杂，业务领域很广泛，有的甚至由多家企业合并重组而成，集团品牌、子企业品牌、业务品牌、产品品牌众多且品牌影响力参差不齐。

有的企业为打造统一、鲜明、清晰的品牌形象，积极整合内部资源，梳理品牌构架，处理好集团品牌与分、子品牌之间的关系，准确传递品牌信息，彰显品牌价值。

例如，中粮集团实施"从农产品原料到终端消费品"的全产业链商业模式，近几年陆续重组、并购了三家央企和三十多家企业，产品多样化和业务多元化使中粮集团面临品牌建设能力的考验。中粮集团通过广告宣传、用户体验等诸多渠道建设品牌，旗下的长城葡萄酒、福临门食用油、金帝巧克力、蒙牛牛奶、五谷道场方便面、中茶茶叶、悦活果汁等众多产品以及我买网（电商）被越来越多的消费者熟知并青睐，中粮的品牌形象也日渐深入人心。

### 3.1.2 应用要素落地设计三板斧

司旗、司徽、招牌、标识牌、陈列展示、建筑环境、办公用品、衣着制服、生产设备、产品包装、广告媒体等，都属于视觉识别的应用要素，即企业的个性标识和外在环境、内在管理以及员工的一言一行，均应属于企业文化识别系统的落地设计点。而在企业识别系统真正落地的设计中，可以运用的抓手是流程图、权责、标准、制度和方案。所以，流程图的绘制、权责的明晰、标准的规范以及制度和方案的编制，都应该属于技术的层面和方法论的范畴。

#### 3.1.2.1 绘制企业文化管理流程图

管理流程是支持企业战略和经营顺利实施的步骤，比如企业文化管理流程、工牌制服管理流程、环境管理体系建设流程、公关策划管理流程、新闻发布管理流程、危机公关管理流程、大数据舆情管理流程，以及人力资源管理流程、信息系统管理流程等。

企业通过管理活动对业务开展进行监督、控制、协调、服务，管理流程具有分配任务、匹配人员、启动工作、执行任务、监督任务等功能，可以间接地为企业创造价值。

企业文化管理流程图的绘制是流程设计人员将企业文化管理流程设计或流程再造的成果予以书面化呈现的过程，主要是从企业战略和经营目标出发，遵循企业文化管理理念，对所有领域的相关工作进行绘制，试图消除未以流程目标为中心的作业。企业文化管理流程图绘制的具体步骤如图3-2所示。

图3-2　企业文化管理流程图绘制步骤

### 3.1.2.2 明晰企业文化管理的权责体系

权责明晰是指对流程中各执行主体的职责、权利进行的描述或说明。企业通过对各部门的主要业务职责及岗位设置或各岗位人员工作任务的描述,使相应部门或执行人员清楚地了解自己在流程中的职责和权利,以确保工作的顺利进行。

企业文化管理者在对权责进行描述时,需要注意以下五大事项,如图3-3所示。

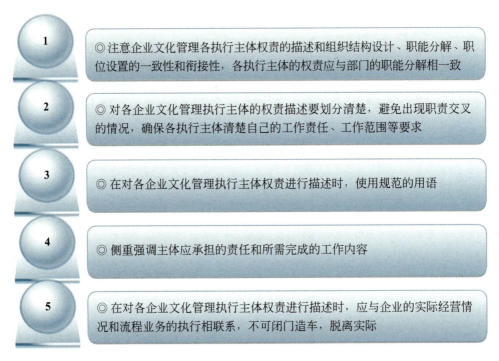

1 ◎ 注意企业文化管理各执行主体权责的描述和组织结构设计、职能分解、职位设置的一致性和衔接性,各执行主体的权责应与部门的职能分解相一致

2 ◎ 对各企业文化管理执行主体的权责描述要划分清楚,避免出现职责交叉的情况,确保各执行主体清楚自己的工作责任、工作范围等要求

3 ◎ 在对各企业文化管理执行主体权责进行描述时,使用规范的用语

4 ◎ 侧重强调主体应承担的责任和所需完成的工作内容

5 ◎ 在对各企业文化管理执行主体权责进行描述时,应与企业的实际经营情况和流程业务的执行相联系,不可闭门造车,脱离实际

图3-3 执行主体权责描述的注意事项

### 3.1.2.3 编制企业文化管理制度

制度是对博弈规则的界定或制约。企业文化管理制度是规范企业员工行为的主要标尺,是企业推行制度化和规范化管理的基础。一套科学、有效的企业文化管理制度体系是企业文化落地和良好运营的重要保障之一,比如员工日常行为规范、企业文化培训管理规范、企业文化建设管理细则、员工满意度管理办法和企业文化建设考核评价实施办法等。

(1)企业文化管理制度内容结构设计

企业文化管理制度内容结构设计如图3-4所示。

| 制度名称拟定 | ◎ 企业文化管理制度的名称要求清晰、简洁、醒目<br>◎ 受约单位/个人（可略）+内容+文种 |
|---|---|
| 制度总则 | ◎ 包括企业文化管理制度目的、依据的法律法规与内部制度文件、适用范围、受约对象或其行为界定、重要术语解释、职责描述等 |
| 制度正文 | ◎ 制度的主体部分，主要包括对受约对象或具体事项的详细约束条目<br>◎ 正文分章、列条目全面且合乎逻辑，语言表述清晰，没有歧义<br>◎ 可按对人员的行为要求分章、分条，或按具体事项的流程分章、分条 |
| 制度附则 | ◎ 说明制度制定、审批、实施、修订、使用日期，增强真实严肃性<br>◎ 包括未尽事宜解释，制定、修订、审批单位或人员，生效条件和日期等 |
| 制度附件 | ◎ 包括制度执行中需要用到的表单、附表、文件，以及相关制度和资料等 |

图 3-4　企业文化管理制度内容结构设计

（2）企业文化管理制度分类

对企业文化管理制度的分类并没有严格的定义，不同的行业领域、不同的部门针对具体事宜对管理制度的具体称谓不太一样，因而所起的作用和使用的范围也有所不同。总体来讲主要有以下六类，如表3-1所示。

表 3-1　企业文化管理制度的六大类别

| 类别 | 具体内容 |
|---|---|
| 章程 | 章程是企事业单位、社团经特定的程序制定的关于组织规程和办事规则的法规文书，是一种根本性的规章制度。如企业注册的是有限责任公司或者股份有限公司，在办理营业执照时，工商部门会将公司章程一同交给企业，作为企业的根本准则 |
| 制度 | 制度是有关单位和部门制定的要求所属人员共同遵守的准则，是企事业单位等组织对某项具体工作、具体事项制定的必须遵守的行为规范，如××公司安全生产制度、××公司人力资源管理制度 |
| 规则 | 规则是企事业单位等组织为维护劳动纪律和公共利益而制定的要求大家遵守的关于工作原则、方法和手续等的条规，如××公司办公设备采购规则、××图书馆借书规则 |
| 规定 | 规定是生产单位为了保证质量，使工作、试验、生产按程序进行而制定的一些具体要求，如车间操作规定、计算机操作规定 |

续表

| 类别 | 具体内容 |
|---|---|
| 办法 | 办法是对有关法令、条例、规章提出具体可行的实施措施，是对有关工作、有关事项的具体办理和实施提出切实可行的措施。办法重在可操作性，如××公司绩效考核办法、××公司劳务派遣员工管理办法 |
| 细则 | 细则是对实施章程、规定、办法进行的详细、具体或补充的规定，对贯彻方针和政策起具体说明和指导的作用 |

其中，企业文化管理制度的表现形式既有××制度本身，也有规则、规定、办法或实施细则等。

（3）企业文化管理制度编制

企业文化管理制度编制主要包括七个步骤，具体如图3-5所示。

|  |  |
|---|---|
| 明确问题 | 制定企业文化管理制度的主要目的在于预警性地规避员工态度或行为等问题的出现，或将已发生的问题及其危害控制在一定范围内，以避免或减少不必要的损失，保证企业经营活动的正常、有序运行 |
| 角度定位 | 制度设计人员在设计或修订制度时要站对、站稳制度设计的立足点，如战略角度、企业管理角度、部门管理角度、业务管理角度、团队人员沟通角度等 |
| 调研访谈 | 制度设计人员应进行调研访谈，了解企业实际存在的、业务运作过程中出现的、需要解决的问题等，从而设计出真正能满足企业需求的合适制度 |
| 统一规范 | 一套体系完整、行之有效的企业管理制度应达到内容合理合法，形式格式规范，实施路径明确，执行操作高效的要求 |
| 制度起草 | 制度起草工作包括明确制度类别，确定制度风格和写作方法，明确制度目的，在调研的基础上进行制度内容规划形成纲要，拟定条文形成草案，并进行制度格式标准化 |
| 制度定稿 | 制度草案制定完成后需通过意见征询、试行等方式获得相关建议，发现不足和纰漏。进行修改完善，直到最终定稿审批通过 |
| 制度公示 | 制度要为企业运营和发展服务，企业应以适当方式向全体员工公示，以示制度生效，便于员工遵守执行 |

图3-5 企业文化管理制度编制的七个步骤

### 3.1.2.4 设计企业文化实施方案

（1）企业文化实施方案内容框架设计

方案是指工作或行动的计划或对某一问题制定的规划。企业文化实施方案包括员工行为引导手册、新员工入职培训手册、企业文化活动策划方案、年会活动实施方案、企业文化管理总结报告等。

企业文化实施方案内容框架设计如图3-6所示。

图3-6　企业文化实施方案内容框架设计

（2）企业文化实施方案设计步骤

企业文化实施方案设计的八个步骤如图3-7所示。

**第一步：确定方案目标主题**

将企业文化实施方案的目标主题确立于一定时空范围之内，力求主题明晰，重点突出

**第二步：收集方案相关资料**

围绕企业文化实施方案的目标主题，通过多种方式收集相关的数据、信息和资料

**第三步：调查内外部环境态势**

围绕目标主题，进行全面的内外部环境调查，掌握第一手、真实的资料

**第四步：整理与分析资料情报**

统计、整合获得的一手资料和手头的二手资料，将其整理成为对目标主题有用的情报并进行系统化分析

**第五步：提出具体创意或措施**

根据企业的实际需要，提出企业文化实施方案策划的创意措施，并将创意或措施具体化

**第六步：选择、编制可行方案**

将符合企业文化建设目标主题的创意，细化成为更加具体的执行步骤

**第七步：制定方案实施细则**

根据选定的方案把各部门的职责和任务加以详细分配，分头实施，并按进度表与预算表进行监控

**第八步：制定检查、评估办法**

对策划的方案提出详细可行的检查办法、评估标准，及成果提升的措施

图 3-7 企业文化实施方案设计的八个步骤

## 3.2 工牌制服设计与加强管理

工牌制服不仅是员工的福利和提供管理的便利，还是一种员工直接触碰得到的企业文化，也是对客户视觉冲击最大的方式。虽然，"穿着同样衬衫的群体不一定是一个团队"，但是，穿着同样衬衫的群体能够更容易、更快速地成为一个优秀的团队。

在企业文化建设方面，工牌制服管理要规范化、流程化，要明确权、责、利，抓住关键点。

### 3.2.1 流程范例：工牌制服管理流程图

图3-8是工牌制服管理流程图范例的调整和优化版，供读者参考。

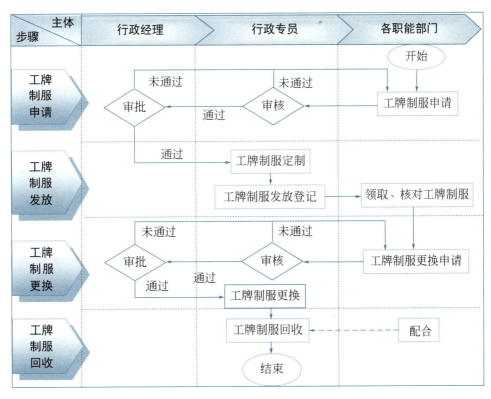

图3-8 工牌制服管理流程图范例

### 3.2.2 权责范例：工牌制服管理权责卡

表3-2是与上述流程配套的工牌制服管理权责卡范例的调整和优化版，供读者参考。

**表 3-2　工牌制服管理权责卡范例**

| 执行主体 | 管理职责 | 权利明细 |
|---|---|---|
| 行政经理 | ① 负责了解工牌制服申请的原因<br>② 负责对各职能部门工牌制服申请的审批<br>③ 负责对各职能部门工牌制服更换申请的审批 | ① 向各职能部门了解工牌制服申请原因的权利<br>② 对各职能部门工牌制服申请的审批权<br>③ 对各职能部门工牌制服更换申请的审批权 |
| 行政专员 | ① 负责工牌制服申请的初步审核<br>② 负责组织工牌制服的制定<br>③ 负责工牌制服的发放及登记<br>④ 负责工牌制服更换申请的审核及具体更换<br>⑤ 员工离职或发生调动，不再需要工牌制服时，在各部门员工配合下负责将工牌制服回收 | ① 审核工牌制服申请的权利<br>② 组织安排工牌制服制作的权利<br>③ 对工牌制服发放及登记的权利<br>④ 对工牌制服更换申请的审核及调换的权利<br>⑤ 在员工配合下将工牌制服回收的权利 |
| 各职能部门 | ① 根据工作需要负责申请工牌制服<br>② 对已制作完毕的工牌制服进行领取、核对<br>③ 对制作不合规的工牌制服负责申请更换 | ① 根据工作需要申请工牌制服的权利<br>② 领取、核对已制作完毕的工牌制服的权利<br>③ 申请更换不合规工牌制服的权利 |

### 3.2.3 工牌制服设计与管理六大关键点

表3-3是在实践中运用工牌制服管理流程图和工牌制服管理权责卡时需要重点把控的工牌制服设计与管理六大关键点，供读者参考。

**表 3-3　工牌制服设计与管理六大关键点**

| 序号 | 关键点名称 | 关键点业务操作说明 | 时长 | 适用单位 | 责任部门 |
|---|---|---|---|---|---|
| 1 | 工牌制服申请 | ① 各职能部门考核合格的新入职员工需定制工牌制服的，要填写工牌制服申请表<br>② 工牌制服申请表应包含申请人姓名、部门、岗位、入职日期、工号、尺寸等信息 | ×个工作日 | 各职能部门 | 各职能部门 |

续表

| 序号 | 关键点名称 | 关键点业务操作说明 | 时长 | 适用单位 | 责任部门 |
|---|---|---|---|---|---|
| 2 | 工牌制服发放登记 | ① 行政专员负责登记工牌制服信息并发放<br>② 登记信息内容包括员工所在部门、员工姓名、型号、颜色、尺码和发放时间等 | ×个工作日 | 行政部 | 行政部 |
| 3 | 领取、核对工牌制服 | ① 工牌制服制作完毕后，各职能部门应及时领取<br>② 各职能部门领取工牌制服时应按照所属部门、姓名、工号、尺码等逐项核对<br>③ 各职能部门核对时，对存在质量问题的工牌制服应及时声明并退回 | ×个工作日 | 各职能部门 | 各职能部门 |
| 4 | 工牌制服调换申请 | ① 工牌制服领取核对后不合适的，各职能部门应及时申请调换<br>② 调换申请时应注明调换人所属部门、姓名、调换原因等信息 | ×个工作日 | 各职能部门 | 各职能部门 |
| 5 | 工牌制服更换 | ① 新领取的工牌制服若出现质量问题，可免费更换<br>② 老员工因自然原因导致工牌制服发生损坏的，可免费更换<br>③ 员工因职位变动而发生工牌制服变动的，可免费更换 | ×个工作日 | 行政部、各职能部门 | 行政部、各职能部门 |
| 6 | 工牌制服回收 | ① 员工离职或有其他岗位变动不再需要工牌制服时，行政部应收回，或者在类似工作交接表中注明并存档、入库<br>② 员工因岗位变动而导致工牌制服需要调换时，行政部应收回原工牌制服<br>③ 行政部在进行回收登记时应注明相应员工的姓名、收回时间、经办人等信息 | ×个工作日 | 行政部、各职能部门 | 行政部、各职能部门 |

## 3.3 企业环境管理体系建设

企业运营要追求生产过程和最终产品与社会、自然和生态相和谐，这也是企业形象和企业文化的重要体现。企业要合理利用自然资源，保护施工环境，搞好周边生态关系。特别是在人口密集、交通繁忙的城市，企业生产要合理安排工期，不影响交通,不污染环境,不扰乱周边居民的正常生活。

在企业文化建设方面,环境管理体系建设要规范化、流程化,要明确权、责、利,按照工作标准操作。

### 3.3.1 流程范例:环境管理体系建设流程图

图3-9是环境管理体系建设流程图范例的调整和优化版,供读者参考。

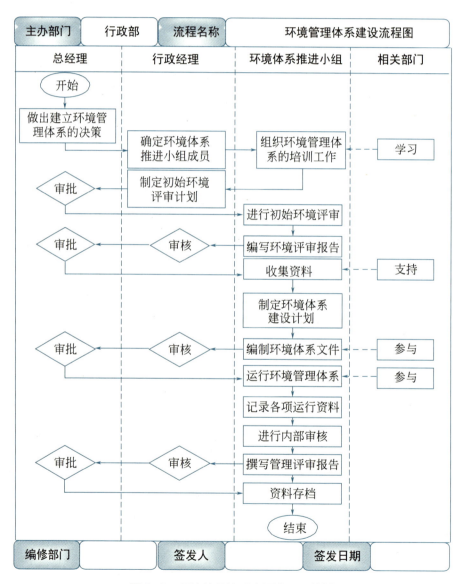

图3-9 环境管理体系建设流程图范例

## 3.3.2 标准范例：环境管理体系建设工作标准

表3-4是与上述流程配套的环境管理体系建设工作标准范例的调整和优化版，供读者参考。

表3-4 环境管理体系建设工作标准范例

| 序号 | 项目 | 工作执行标准 | 执行工具 |
|---|---|---|---|
| 1 | 准备阶段 | ① 公司高层管理者和专项负责人做出建立环境管理体系的决策和支持承诺<br>② 公司高层管理者任命行政经理（有的组织为企业文化部长，有的为人力资源经理）为环境管理体系的管理者代表<br>③ 行政经理组织成立环境管理体系推进小组<br>④ 行政经理组织制定环境管理体系的建立与实施计划<br>⑤ 对全体员工进行宣传和培训，使员工能够认识到公司建立环境管理体系的目的与意义，统一员工的思想 | ① 环境管理体系推进小组人员名单<br>② 职责分工说明 |
| 2 | 初始环境评审阶段 | ① 行政经理制定初始环境评审计划，计划内容包括初始环境评审的范围、内容，参与人员的任务分工及完成期限等<br>② 环境管理体系推进小组负责具体的过程评审，收集与公司环境有关的法律、法规和实际现况资料等<br>③ 行政经理组织环境管理体系推进小组编制初始环境评审报告 | ① 初始环境评审计划<br>② 初始环境评审报告 |
| 3 | 环境管理体系建立计划 | ① 行政经理组织环境管理体系小组对环境管理体系进行策划，召开会议形成环境管理体系的各项管理程序决议<br>② 根据会议的有关精神，环境管理体系推进小组负责制定环境管理体系建立的计划表，并在每一项步骤后明确责任人 | 环境管理体系建立计划表 |
| 4 | 编写环境管理体系文件 | ① 环境管理体系推进小组收集大量的国内外行业内的资料，结合公司现状，按照体系认证工作计划编写体系文件<br>② 编写完的文件需要组织相关的人员讨论其可行性，修订其中的不合理内容 | ① 环境管理体系文件<br>② 环境管理体系文件可行性分析 |

续表

| 序号 | 项目 | 工作执行标准 | 执行工具 |
| --- | --- | --- | --- |
| 5 | 运行环境管理体系 | ① 体系运行前，行政经理召开环境管理体系运行说明会，宣布环境管理体系正式运行，任何人不得干扰或阻止其运行<br>② 组织相关人员学习环境管理体系文件的相关规定<br>③ 对环境管理体系运行的全过程进行详细记录，尤其是其中的数据及出现的问题 | 环境管理体系运行跟踪报告 |
| 6 | 评审与改进环境管理体系 | ① 在公司内部挑选品质部、行政部、保洁部等部门合适的人员作为兼职的内审员，主要负责环境管理体系的监督和落实<br>② 行政经理组织编制环境管理体系的内审工作计划，由推进小组具体执行。推进小组要对环境管理体系的运行情况从可行性、有效性和充分性三个方面进行评审<br>③ 推进小组在评审过程中发现的问题，应及时责令相关部门限期整改<br>④ 内审工作完成后，由总经理或行政经理组织管理评审，从环境方针执行情况、环境指标完成情况、环境管理体系实施效果、纠正与预防措施的实施效果等方面进行评审 | 环境管理体系内审工作计划 |

## 3.4 员工行为管理与文化同化

企业文化看似看不见、摸不着，却往往在企业管理的细节中体现出来，在每一位员工的若干行为中彰显出来。

所以，不少企业已经做到把员工行为规范加以细化，逐条列明，并编印成册，发放给员工，常以"员工行为规范手册""员工礼仪手册""职工行为规范细则""员工守则"等来命名。内容从员工职业要求到日常言行举止，均一一说明，非常翔实，且针对性和可操作性较强，有利于员工对照检查，及时纠正，正确规范。

## 3.4.1 名企管理者规范员工行为的方式

百度在其内网发布题为"上下同欲,厉行节俭"的文章,倡导百度员工要有一种"精打细算过日子"的主人心态,上到高管、总监,下到每一位普通员工,都要检视每一处不合理的花销,避免浪费行为的发生,甚至要求喝水不用纸杯,要自带水杯;洗手后自然干,擦手少用张纸等。消息一出,热议纷纷。原来百度也有过"苦日子"呀!

无独有偶,世界上还有一家推行"小气"文化的企业,他们对员工的行为规范出乎意料:

① 他们要求员工在抽水马桶里放三块砖,以节约冲水量;

② 他们要求员工当一只手套破了的时候只换一只,另一只破了再换;

③ 他们要求员工每次开会前贴出告示,与会者讨论一秒钟到底值多少钱,然后再乘以开会时间,提前计算开会的时间成本……

这家"小气"的公司就是闻名世界的丰田。原来成本节约是从小事抓起的,一次省一点点,上千名员工、上万名员工,一天、一周、一个月、一年能够节省多少?数据肯定是触目惊心的!

然而,节约仅仅是"节约"本身吗?节约减少的是成本,成本降下来了,价格可以定得更低,或者利润可以更多,那么,客户就会更多,更有黏性。"价格低、质量好、客户满意"这不就是一家企业的核心竞争力吗?久而久之,不就是一种全员认同并践行的企业文化吗?"文化引领"是最高层次的节约倡导,产生的效果也是最好的,因为这种理念已经深入员工的骨髓,变成了员工自发的习惯。

如果说上述是两个提倡正面行为的案例,那么,再来看几个因负面违规行为而被处罚的案例,体验一下这里体现的企业文化。

新闻报道称海尔集团四名员工饭后午睡,被巡查人员拍照后责令一周内办理离职。有的员工称海尔中午只有30分钟的吃饭时间,有巡查人员检查时不准午休。随后海尔发布情况说明,声称所述四名员工并非在休息时间午睡,而是工作时间在公共接待场所睡觉,该行为违反了海尔员工行为规范,属于一级违规。

因此,感情与制度、感情与文化之间,还需要员工和大众的理解与认同!然而,文化不是用来说的,制度更不是用来看着玩儿的。

企业是否有问题?据说海尔在2011年发布的《海尔集团员工行为规范(试行版)》将员工违规事项细化为105条!而这些没有感情的规章制度,实施落地也不会有好的效果;相反,规章制度要明确、要硬要刚,但是更要考虑员工本身的"马斯洛五层次"的需求,生理需求即是最低层次的第一需求!

当然,看问题要全方位、立体化。员工是否有问题?你可以用午休黄金10分钟提高工作效率,她应该用"晚上早点睡,白天不瞌睡"调整状态,他会选择喝咖啡提神。其实企业和员工的目的是一样的,睡不睡午觉都是为了工作考量。这里的问题是，劳资双方均认同的规章制度才是企业文化精神的呈现。

说到底，企业提倡什么，禁止什么；员工怎么做是好，会得到奖励，怎么做会受到处罚，无论是按照员工守则来判断，还是自己鉴别，都是企业文化形成过程的累积。

再来看一则《韩非子》中的故事。韩昭侯喝醉酒睡着了，掌帽官见他冷，就给他身上盖了衣服。韩昭侯睡醒后问近侍："盖衣服的是谁？"近侍回答说："掌帽官。"昭侯便同时处罚了掌衣官和掌帽官。他处罚掌衣官，是认为掌衣官失职；他处罚掌帽官，是认为掌帽官越权。不是不担心寒冷，而是认为越权的危害超过了寒冷。

在这则故事中，韩昭侯既处罚掌衣官，又处罚掌帽官，是在传达一种岗位职责明确、各司其职、按令行事的理念和规范。这就是老板提倡的企业文化！

然而，很多企业却不这样认为，尤其是创业型公司，甚至提出"看到了就是你的责任，请再多做一点点！"这里涉及的就是现代职场责、权、利的界定。说好听点儿，是职责明确，分工协作顺畅；说难听点儿，就是各顾各的，事不关己，高高挂起！

有的公司不是已经写在员工日常行为规范手册里了吗？

① 身为一名优秀员工，公司的事就是你的事，团队的事就是你的事，你所看到的任何问题都有你的责任。

② 有些员工对岗位职责之外的事情不闻不问，深信"多一事不如少一事""干得越多，出的问题越多，落的埋怨越多""两耳不闻窗外事"。这是一种偷懒行为，也是一种不作为；这样的人其职场之路势必越走越窄，其职业生涯必将碌碌无为。

③ 如果上班八小时你的眼睛亮一点儿，脑子转得快一点儿，腿脚动得勤一点儿，不那么斤斤计较，不这么前怕狼后怕虎，不算计舍得，肯定会闯出一片新天地。

企业文化不同，怎么做都无可厚非。在非"韩昭侯"式领导管理理念的要求下，在所属企业规章制度中没有明令禁止的前提下，很多企业提倡员工做个"职场有心人"！有的企业在培训时针对职场新人、"菜鸟""小蘑菇"，重点强调"看到了就是你的责任，不要再拿岗位说明书当挡箭牌了，在能做的时候就多做一点儿吧"。

## 3.4.2 文化同化的作用与运用方式和阶段

文化同化，主要是指能够使外派员工通过学习一系列的关键事件来进行跨文化培训的一种方法。

其中，关键事件是由描述跨文化冲突的时间以及对可能造成冲突的解释组成的。指导者先让受训者阅读材料选出答案，再对各项答案进行反馈，指出受训者的反应是否恰当，直到受训者选出正确的答案为止。

(1) 文化同化的三大作用

通过运用文化同化的跨文化培训,不仅可以提高受训者的共同文化意识,还可以有效发挥以下三大作用。

① 可以加强人们对不同文化环境的反应和适应能力,促进不同文化背景人们之间的沟通和理解。

② 可以将企业共同的精神文化传递给员工,加深企业文化建设,形成企业强大的文化感召力和文化凝聚力。

③ 由于世界上每一种文化都有自己的精华,来自不同文化背景的员工会用不同的视角来看待同一问题,进行文化同化培训可以促进不同文化背景的员工交流沟通,取长补短,形成较为一致的文化理念。

(2) 文化同化运用的三种方式

① 播放异域文化作用视频。文化同化培训可以通过播放数部描述外派员工和东道国人民因文化差异造成的跨文化交互作用的影片或短视频,使员工熟悉并适应异域文化的行为习惯,学会异域文化的思维方式,领悟异域文化的关键。

② 异国员工渗透培训。为了打破员工心中的文化障碍和角色束缚,还可以将不同文化背景的员工结合在一起,进行文化同化培训。通过这种方式,可以使企业形成一定的组织文化,使组织内的个人和团体形成基本一致的价值观,能够想对方所想,体验对方的真实情感。

③ 外籍讲师同化培训。由外籍培训讲师或外籍内部主管进行指导也是一种有效的文化同化培训方式。如果受训者具有良好的管理经验和文化背景,一旦打破了文化上的障碍,即使在不同的文化环境中也会取得优异的成果。

(3) 文化同化运用的四个阶段

运用文化同化进行跨文化培训,一般可以分为自我评估阶段、文化认知阶段、知识获取阶段、技能培训阶段四个阶段,如图3-10所示。

图3-10 文化同化运用的四个阶段

### 3.4.3 方案范例：外派员工文化同化

表3-5是外派员工文化同化方案范例的调整和优化版，供读者参考。

表3-5 外派员工文化同化方案范例

| 项目类别 | 具体内容 |
|---|---|
| 背景与问题 | ××企业是一家大型制造产业化集团，有八个子公司和十个代表处分布在世界多个地方。近几年来，企业外派失败的比例高达10%。企业的外派培训不全面、不合理。企业在急需用人之际，没有进行完整的培训就将人员外派出去，造成了外派失败的可能性。通过开展有效调查和分析，了解外派人员在海外子公司工作期间所遇到的问题，结果发现主要的问题来自文化差异。因此培训部经理组织展开了此次文化同化培训 |
| 培训目标 | ① 对不同文化情境与行为，能有效且敏感地感觉与观察<br>② 提升员工外派工作的跨文化处理技能及沟通技能<br>③ 减少外派人员在海外工作时的文化冲突<br>④ 通过训练了解如何管理文化差异，进而提升工作绩效<br>⑤ 使外派人员了解东道国文化的重要特征，并将这些知识应用在人际关系与企业文化的改善层面 |
| 培训实施 | （1）基本语言训练<br>① 掌握东道国的基本语言，实现无障碍的沟通，是跨文化培训的基础<br>② 通过基本的东道国口语训练，了解当地居民的语言表达习惯、行为方式及其形成原因，有助于受训者更好地融入异国的工作和生活之中<br>（2）异国文化理解训练<br>① 通过东道国的信息简报、文化简报、影片、书籍或网络了解当地的人文地理、政治经济、历史文化、风土人情、文化习俗等知识<br>② 通过讲授或自学的方法，学习东道国的文化概念与内涵、文化的价值模式、文化的影响领域、特定文化环境的分析介绍等内容<br>（3）情景分析训练<br>① 通过播放多部描述外派员工和东道国人民因文化差异造成跨文化交互作用的短片，使员工熟悉并适应异域文化的行为习惯，学会异域文化的思维方式<br>② 对跨文化沟通发生的文化冲突情景进行模拟，并对情景进行讨论分析，提出积极的应对策略和改进措施<br>（4）行为调整训练<br>① 通过东道国文化、风俗习惯、礼仪的学习，以角色扮演、模拟训练等方法调整与训练受训者的行为习惯，使其行为方式符合异国的文化背景<br>② 由东道国的管理人员进行指导，与受训者沟通交流，通过培训和会谈使受训者提前适应异国的交流方式，打破文化上的障碍 |

续表

| 项目类别 | 具体内容 | | |
|---|---|---|---|
| 效果分析 | 通过文化同化进行跨文化培训后,外派人员能够对东道国的文化建立起多样性的认识,能够更有效地调整在异国文化下生活的压力,并且建立良好的人际关系,同时工作绩效得到了提高。企业的外派工作得到了顺利的开展,并取得了丰硕的成果 | | |
| 复盘 | ① 运用文化同化进行跨文化培训时,需要考虑在企业内部人员具有不同文化背景的情况下,建立起共同的企业文化和价值观<br>② 文化同化培训要以消除公司内部因文化背景差异形成的理解和沟通上的冲突为出发点<br>③ 在跨国企业中,管理方在选拔管理人员时,除了要考虑候选人良好的敬业精神、技术知识和管理能力外,还必须考虑其思想、文化相关的素质,包括思想灵活,不墨守成规,有较强的移情能力和应变能力,尊重、平等意识强,能够容忍不同意见,善于与不同文化背景的人进行友好合作 | | |
| 起草人 |  | 审核人 |  | 审批人 |  |

第 4 章

# 培育企业文化传播系统

企业文化的关键在于"落地见效"。无法产生实效的文化就像口号,即使建构起健全的文化架构体系,也只有倡导者的激情。没有产生响应者的行动的企业文化,仿佛是空中楼阁,只能悬在空中。因此,企业文化需要通过有效的方式传播,将理念转化为认知与行动,从而确保文化的实际落地,这就离不开企业文化的传播。

企业文化传播的半径越大,企业的生存半径就越大;生存半径越大,又会进一步地传播企业文化,这是一个良性循环系统。以惠普公司为例,一开始很多人并不知道惠普的产品,但是通过《惠普之道》传递的企业文化,公众不断吸收和乐于接受,进而对惠普公司及其产品和服务产生强烈的认同感,最终成为惠普的忠实客户。

① 培育企业文化传播系统,有助于实现员工基本价值观层面的传递。有效的企业文化符号传播,需要对企业文化的意义进行架构和编码,将单一的文化符号构成清晰完整的意义符号系统,再通过各种形式和渠道,将意义符号传递给员工。

② 培育企业文化传播系统,有助于员工处理关系时价值尺度的拿捏。处理人、物的关系就是选择和被选择的关系,员工发挥主观能动性对人、物进行选择时,需要一个选择的基本导向标准,以便帮助他们做出正确的价值判断。企业文化传播系统,将企业提炼、总结、升华的关系处理经验认知不断凝结成意义,传递给员工并成为其处理关系的价值尺度。

③ 培育企业文化传播系统,有助于实现企业独特的竞争个性和优势。有效的企业文化传播系统,可以使员工充分认识到企业自身的事业理论,形成统一的集体价值和行为。当企业共同集体的个性取代员工个体的个性时,企业就形成了自身独特的精神个性,形成了内部强劲的凝聚力和向心力,同时在外部助力下实现市场扩张,占领更为广阔的竞争空间。

惠普公司创始人戴维·帕卡德(David Packard)曾经说过:"回顾一生的辛劳,我最自豪的,就是协助创设一家以价值观、做事方法和取得的成就而对世界各地企业管理方式产生深远影响的公司。"惠普的基本文化理念——"惠普之道",在公司的经营中始终坚持对文化理念的广泛传播,不断影响和改造着遍布全球庞大的惠普企业,最终形成了强劲的核心竞争力。

企业文化的传播需要通过不同的工具和途径,将已具有的企业理念、核心价值观等明确地呈现出来,并为企业内外部所认知、认同。

## 4.1 企业刊物载体

企业报刊是用于企业内部沟通交流的重要宣传媒体,目前绝大多数均为内部刊物,没有正式出版或者对外发行。为什么企业要花大力气创办企业报刊呢?因为,企业不可能每一次都通过全体员工大会等形式向全体员工逐个传递有关经营活动的全部信息与情报，这就需要内部刊物的设计和定期发行来予以实现。

同时，大规模、持久地进行员工间的沟通，也需要借助企业内刊，以此来加强企业与员工之间的正式交流，提高员工的向心力和团队凝聚力。可见，发行企业内刊，为全体员工共同参与企业管理提供了一个很好的沟通平台，有利于调动员工的积极性，灌输"全员参与""群智经营"的理念。内刊还可以使全体员工的家属和亲朋好友，以及企业客户、供应商、合作伙伴等全面了解企业的情况，加强企业品牌的宣传。

### 4.1.1 企业内刊设计的三个环节

企业内刊是企业文化传播的重要载体之一。企业内刊设计包括准备工作、内容确定和宣传推广三个环节。

#### 4.1.1.1 准备工作

（1）了解需求，获得支持

对企业的现状、企业文化，以及员工和高层的喜好等状况要有较全面的了解。

首先，应进行一些切实的调研，只有在准备工作充分的情况下，才能胸有成竹。比如，了解企业动态，即企业新闻，对企业内部发生的一些重大事件的报道，或是企业新出台的一些对员工有益的新政策的报道等。

其次，内刊既然和企业文化有关，就必然和企业管理层相关，就必须得到管理层的支持，这种支持是永久的、内在的。比如，将高管层纳入编委或编辑部，每一期的头版寄语或刊首语请董事长或总经理撰写，将部分中高级管理者聘为特约作者或栏目专家等。

（2）成立编辑委员会或编辑部，搭建部门和机制保障

根据企业的具体情况成立编辑委员会或编辑部，专职专做，明确具体的分工。根据企业的规模和情况设置编辑部的组织架构，如图4-1所示。

| 中小微型企业 | 国企、央企和大型企业 |
|---|---|
| ◎企业员工在500人以内的，属于中小微型企业，部门设置较简单，可以启动一个编委会，总经理做顾问，一个主编或编辑即可 | ◎企业员工在500人以上的国企、央企或大型民企，人数较多，可以专门成立一个编辑部，企业高管担任顾问，配备顾问、主编、编辑和特约通讯员等 |

图4-1 根据企业的规模和情况设置编辑部的组织架构

对于初创企业来说，有的选择外包，有的兼职设计内刊。在此阶段设计内刊时要注意以下两点。

① 由于企业内刊并没有职业通讯员供稿，基本是依靠企业员工自发写作投稿，这使得企业内刊稿源极为缺乏。即便企业员工投稿，但是由于员工长期为工作绩效所劳累，即使有对企业文化的独特观点也常常难以用高质量的文笔表达出来，因此内刊稿件组稿难、质量低的问题常常普遍存在。排版通常是由企划部的平面设计人员负责。

② 刚开始创刊时，一定要把老板或重要领导请进来作顾问，除了给予内刊方向上的一些指导外，最重要的是得到领导的全面支持，包括资金。只有领导们带头支持，员工的参与度和积极性才会高。

#### 4.1.1.2 内容确定

（1）确定内刊的定位

优秀的企业内刊往往各具特色。虽然内刊一开始被员工赋予很多期望，似乎应该包罗万象，但实际上，内刊和其他读物一样，受众有一定的范围，内容有一定的限制，功能也有一定的边界。比如《宜家家居》初创时的定位是"访客至上"，《海尔人》初创时的定位是"监督教育"，《万通人》初创时的定位是"广告宣传"，《万科周刊》初创时的定位是"人文情怀"。内刊定位的三个注意事项，如图4-2所示。

● 企业内刊如果定位为"企业文化、人文关怀"的话，就不能着重于企业经营管理方面，而要写企业文化的建设发展和人文思想的引导关怀。如果定位是"互利共赢、品牌理念"的话，就应该着重写企业品牌的价值观念和营销措施等方面。尤其是刚开始创刊时，简单的诉求和明确的定位尤为重要

● 企业内刊的定位还要根据企业的发展速度和不同的发展阶段，进行多元化的功能定位，要采取读者群细分的方式进行组合定位。例如：万科集团的内刊《万科周刊》《邻居》《VEO》等。所以，精准定位，根据实际要求调整定位，不断迭代发挥内刊真正的文化价值是非常重要的

● 企业内刊的定位不仅在于内刊中企业文化的定位，还具体表现在企业文化中内刊的定位。确定内刊在企业文化中的定位要根据企业发展模式和战略目标的规划设计来进行。
● 要保持内刊和企业地位发展的高度协调性，避免出现内刊文化和企业建设不相符的状况。要想最大程度地实现内刊的价值和使命，就必须调整好内刊和企业文化之间的相对定位，平衡两者之间的关系，并提高对企业内刊编辑的重视度

图4-2 内刊定位的三个注意事项

（2）命名

除了找准定位，还要给内刊起一个有趣的名字。一个好的内刊名字更能展现企业的文化内涵，让人留下深刻的印象。起名字有两种方式。

一种是"脑部决定"，即由公司高管确定，或高管层开会时进行头脑风暴，最后选出一个最有象征性的名字，比如《××人》《××风采》等。

另一种是"脚部决定"，即采用在内部员工中收集，或有奖征集的形式，挑选3~5个，最后再由相关领导投票决定。这种方式可以调动大家参与其中的积极性，还能发现一些文笔好、有功底的编辑高手。

（3）内容结构

内容结构包括内刊形式和栏目设定。

① 内刊形式。一般来说，内刊形式分为以下两种。

a.杂志：这个要根据公司实际情况来定，如果现有采编人员内部资源充足，就可以考虑直接做杂志。做杂志时，准备开设哪些栏目，要先列一个提纲出来。

b.简报、彩报、专题刊物等。

② 栏目设定。关于栏目设定，有以下两点建议。

a.如果需要一个循序渐进的过程，可以先从报纸开始，尝试着做几期后，再调整。在做报纸时，需要考虑清楚设定哪些栏目，计划什么内容。

b.可以找一些同行业做得比较好的企业杂志作参考。

（4）发刊周期

发刊周期是指多长时间出一期。如果是报纸的话，频率应相对高一些。

（5）费用预算

要做一个大致的费用预算，比如篇幅、开本、用纸类型等费用都要考虑。这些内容确定后，就需要报领导审批了。

### 4.1.1.3 宣传推广

此外，设计出内容后，还需要宣传造势，比如，确定宣传重点和最近公司的重点方向，明确宣传内容及其所属部门。其中，最实战的经验就是把典型的案例挖掘出来；最优秀的人物要通过典型的事迹树立起来。

## 4.1.2 方案范例：企业内刊设计方案

表4-1是企业内刊设计方案范例的调整和优化版，供读者参考。

表 4-1　企业内刊设计方案范例

| 项目类别 | 具体内容 |
| --- | --- |
| 办刊的宗旨及目的 | ① 宗旨。有效推进企业文化建设，全面提升企业竞争力；以对内建设企业文化为主，对外树立企业形象为辅<br>② 目的。加强公司、中心、部门之间的交流，传播企业文化，在企业内部形成良好的学习氛围，塑造团队精神 |
| 办刊的目标人员定位 | ① ××企业所有内部员工，包括劳务派遣员工、实习生、兼职人员和顾问等<br>② ××企业主要客户，尤其是重点关注的 VIP 大客户<br>③ ××企业供应商，尤其是一级、二级供应商<br>④ 其他合作伙伴 |
| 办刊策略及实施 | （1）内刊名称：《××人》<br>（2）成立企业内刊编委会<br>编委会的人员编制：1 名总编辑、1 名采编、1 名校对人员<br>（3）内刊栏目安排与定位<br>① 基本栏目<br>a. 企业文化、公司动态，即公司动态新闻与活动报道。公司上月内部事务的对外公布及公司业务、业绩报道，先进模范、好人好事报道。通过《××人》传递公司最新动态，传达管理层的最新信息，成为公司活动的信息交流平台<br>b. 员工风貌、员工佳作：这是最能凝聚员工关注点的版面。其稿件要求大部分是员工的作品。稿件形式各异，内容自由。散文、简讯、专题、感悟均可，甚至可以是摄影、绘画等，但应主题突出，内容积极向上，能彰显企业特色和元素<br>② 常设栏目：版面插花，如"工作在××""生活在××""幽默天地"等<br>③ 临时栏目：行业动态。行业新闻的选择应该有地域性、亲近性、参考性，这样才能对读者有吸引力并具有可读性。新闻来源主要是网络、报纸。对选择的每一篇报道，必须经过投稿人的删减或编辑修改 |
| 内刊的稿源、设计及印刷 | （1）征集稿件的奖励机制<br>① 面向公司所有内部员工投稿人（不包括编委会成员），实行稿酬制度。稿件以内容、行文质量等评定等级，按照稿子的质量或字数进行分类。每期内刊共需要十几篇稿子，将稿件按质量和字数分为一等奖、二等奖、三等奖、鼓励奖四个等级<br>a. 一等奖作品奖励稿酬 200 元/篇<br>b. 二等奖作品奖励稿酬 100 元/篇<br>c. 三等奖作品奖励稿酬 80 元/篇<br>d. 鼓励奖作品奖励稿酬 50 元/篇<br>一经采用的稿件，由编委会讨论确定奖励等级，并于内刊发行的当月 10 日前核发稿酬<br>② 进行荣誉鼓励，每年颁发一次内刊投稿"优秀投稿人"荣誉证书，并评选出优秀投稿人，为获奖者颁发鼓励奖品与荣誉证书 |

续表

| 项目类别 | 具体内容 |
|---|---|
| 内刊的稿源、设计及印刷 | （2）内刊的设计与印刷、预算<br>① 印刷版面：157 克彩色铜版纸（带光膜）<br>② 出版周期：每两个月一期<br>③ 发行份数：300 份<br>④ 内刊的截稿日期与发行日：当月 25 日截稿，下月 1 日出刊<br>⑤ 每期预算：每期内刊的稿费预算控制在 3500～4000 元以内。印刷成本则从印刷总量进行控制，如初步预计印 1000 份，每期印刷费用控制在 30000 元以内 |
| 内刊分发 | ① 内刊出版后，由董事会负责向各公司分发，剩余底样留档案室存档<br>② 各业务部门因公关等原因需要向客户赠送内刊的，向企业文化部申请和领取<br>③ 每期内刊出版下发后，由企业文化部负责收集广大员工的意见与建议，汇总后交于主编，主编根据员工提议予以整改和完善，以期《××人》越办越好 |
| 起草人 | 审核人　　　　　　　审批人 |

## 4.1.3　管理规范：企业内刊出版操作步骤

（1）组织内刊编前会

每期内刊出版前，由编委会成员讨论并确定当期的宣传重点。主编向编委汇报当期的组稿情况和组稿意向，并经领导审议通过。

（2）确定截稿日

每月的 20 日为截稿日，如遇周末休息日，则顺延一天。主编有责任把关稿件，不合格稿件不另行退回。

（3）内刊编辑流程

企业内刊编辑的三步流程，如表 4-2 所示。

表 4-2　企业内刊编辑的三步流程

| 内刊管理项目 | 具体流程 | 工作描述 | 涉及人员 | 输出文件 |
|---|---|---|---|---|
| 内刊的整体性栏目建设 | 栏目规划 | 内刊编辑根据实际需求规划栏目，输出栏目设计文档，提交相关领导和主编审阅，抄送给内刊其他工作人员 | 相关领导、主编、副主编 | 栏目设计文档 |
| | 编辑文章 | 内刊编辑根据通过审阅的栏目规划安排相关文章的编写，输出具体文章，提交相关领导和主编审阅 | 相关领导、主编、副主编、内刊编辑 | 具体文章 |

续表

| 内刊管理项目 | 具体流程 | 工作描述 | 涉及人员 | 输出文件 |
|---|---|---|---|---|
| 内刊的整体性栏目建设 | 美术设计 | 内刊编辑将通过审核的栏目规划和具体文章提交美工，美工把握美术风格、搭配颜色和必要的图片，输出美术设计文档，提交相关领导和主编审阅，抄送给内刊其他工作人员 | 美工 | 美术设计文档 |
| | 排版设计 | 内刊编辑根据通过审阅的美术设计文档和具体文章送交排版，输出排版文档，提交相关领导和主编审阅，抄送给内刊其他工作人员 | 主编、副主编、内刊编辑 | 排版文档 |
| 内刊的局部性建设 | 内容建设 | 内刊编辑在进行内刊内容建设时，需要参考内刊稿件来源制度、审阅制度等，在建设过程中无须通报内刊其他工作人员 | 相关人员 | 内容文档 |
| | 美术设计 | 美工有权力修改内刊页面设计，但需及时通报内刊其他工作人员，以免影响印刷工作 | 相关人员 | 设计文档 |
| 内刊的事务性工作 | 内刊日常运营中需要做好的事务性工作 | ① 及时处理对内刊的批评意见或建议<br>② 及时做好内刊文件的归档工作<br>③ 及时与出版单位进行沟通<br>④ 做好每次内刊工作会议的会议记录<br>⑤ 做好内刊大事记 | 内刊编辑及相关人员 | 相关文件 |
| | | 内刊各项工作中所产生的文件由内刊编辑负责保存，要建立内刊档案 | | |
| | | 内刊档案的存档周期是：电子文件随时备份，重要文件每季度备份一次 | | |

（4）召开编评会

内刊小样印制出来以后，要在第一时间交编委审阅，并在三天内召开编评会，指出本期内刊的不足之处，以便在正式登刊印刷前及时改进调整。同时，在编评会中总结上一期内刊的优劣，重点指出上一期内刊的不足之处，以及上期编辑工作中存在的问题。主编与编委会成员都要发表自己的看法，从而促进内刊的改进与完善，同时评定本期内刊文章的等级，以确定稿酬发放的标准和金额。

## 4.1.4 权责范例：企业内刊管理权责卡

调整和优化版的企业内刊管理权责卡如图4-3所示。

顾问　　董事长、总经理等高层领导成为企业内刊的顾问，实时了解传播企业文化的内刊存在的价值
其他相关部门需明确企业内刊是得到公司高层的重视与认可的，为后期的组稿、发行铺垫道路

主编　　由企业文化核心单位的经理担任，负责企业内刊的策划、出版和发行的总体规划工作。
①指导、安排采编人员和校对人员的工作
②确定每一期内刊的主题和主要内容
③负责召集编委会成员讨论并确定当期内刊的宣传重点，向领导汇报当期组稿情况和组稿意向，并经领导审议通过

副主编　　由对企业内刊极具工作经验的主管或副经理、经理级别的人担任，协助主编完成策划、组稿、审稿，及出版、发行等工作

编辑　　基于企业内刊的版面特点和出版周期，设专职编辑或文化专员具体负责企业内刊的组稿、编辑、设计、印刷工作。若内刊为双月刊或不定期出版，则不必设专职编辑。
①服从总编辑的工作安排
②负责每期内刊各大选题的采编工作
③联系撰稿人，保障内刊稿件来源渠道畅通
④认真组织好每期内刊的编前、编中、编后工作，科学把握好内刊编制的总体进程，避免重大编辑事故的发生

校对人员　　①按时完成内刊的校对任务
②配合总编辑和采编人员的工作

美工和插画设计师　　①把握内刊整体美术风格
②插画设计师绘制内刊相关图片

兼职编辑　　为减轻专职编辑的工作量并保证稿件风格的多样性，由各部门文学爱好者担任（最好是由具有相当文字功底的人担任）。兼职编辑一般由5~8人组成，每人负责一个版面或数个栏目的组稿、编辑工作，由专职编辑直接统筹管理

图4-3　企业内刊管理权责卡

## 4.2 新媒体与展示平台

企业文化建设是一个不断积累、不断培育的过程。当今时代，不断更新的各种新媒体手段为企业文化传播带来了发展的新机遇。企业文化的传播媒介和手段要持续与时俱进，才能够适应时代的发展，使企业保持发展动力和竞争优势。新媒体与展示平台的使用注意事项有以下两方面。

一方面是要结合各个平台不同的特色，适应平台传播规律。比如，哪个平台或模块适合典型传播、故事传播、案例传播、体验传播，哪个平台适合传播、解决客户和员工遇到的问题，传播鲜活的人物形象与工作故事。积极宣传企业工作，有效传播企业文化，形成文化互动。

另一方面，是注重策划先行，开展主题传播。平台选择只是第一步，新媒体传播最核心的还是内容。如何在企业各个新媒体平台上打造品牌的文化内容栏目，有效传播企业文化，尽快吸引员工关注，需要进行有益的探索。

### 4.2.1 网络、微博、微信与微电影

#### 4.2.1.1 网络

双向互动是网络的一大特性。网络上的企业文化传播是一个互动的网，时时刻刻都可以实现传受双方的互动。在网络上，传播者和受众者的区别已经不像实体媒介中区别的那样明显。个体可能是传播者，也可以是受众，或者在两个角色之间不断变换。

在网络的场域中，通过媒体与网民的互动、媒体与媒体的互动、网民与网民的互动，企业文化不断传播，传播场域不断变换，在变换的过程中相互影响。企业文化信息在不同的主题间流动。

#### 4.2.1.2 微博

企业申请自己的官方微博账号并不断充实壮大自己的微博粉丝数量，在此基础上持续进行微博状态的更新、发布与推广，让微博粉丝了解企业的动态和品牌信息。

企业通过经常与自己的微博粉丝互动交流，让自己的粉丝对企业有一个基本的了

解和信任，逐渐把暂时性的用户变成企业长久的粉丝，或者说是忠诚的粉丝。微博平台的使用与传播优势，如图4-4所示。

**1 微博平台的使用**

（1）撰写目的要明确，内容要有感染力和活力

微博本身有140字的限制，因此内容一定要有一个明确的目的，在前10～20字之内表明关键信息，展现主要内容，调动粉丝的情绪

（2）引起话题

企业可以根据粉丝的需求发起具有讨论意义的热点话题，吸引粉丝参与讨论后，企业要时常与粉丝互动，尽量保持话题讨论时间长久。这样粉丝在话题讨论中不知不觉就接受了企业文化，企业既达到了传播企业文化的目的，还获取了粉丝的关注

（3）创意的图片

微博用户是生活在时尚前沿的有个性和想法的人群，他们看图片的眼光和要求相对较高，喜欢欣赏有创意、有设计、有美感的图片

**2 微博平台的传播优势**

（1）传播范围较广

微博突破了地域的局限性，使更多的微博用户看到企业的信息。企业可以与对自己发布的信息感兴趣的微博用户互动交流，使之成为自己的微博粉丝

（2）信息传播速度快，且具有时效性

企业发布一条微博信息，广大微博用户马上就能收到并查看，互动快。企业可以抓住微博信息传播速度快的优势，利用时间差进行微博状态的发布，获取更多粉丝，赢得企业文化的传播和竞争优势

图4-4 微博平台的使用与传播优势

### 4.2.1.3 微信

微信支持发送语音短信、视频通话、图片（包括表情）和文字。微信传播具有多样化的特点。

① 语音短信和视频的通话时间长度不受限制，可以随时通话，提高了传播的效率，获得了及时的信息反馈。

② 视频通话提升了人际传播的亲切感。

③ 可以通过图片、文字、朋友圈等方式将图片、文字、视频等组合起来，图文并茂地进行组合式传播。

微信企业公众号，即有一定的主页，是一种微信的推送方式。微信的推送和微博的自媒体类似，传播主题可由企业自己决定，通过微信客户端，使用者就能收到。微信推送可以将信息推送到客户的手机桌面，使他们打开手机就能看到，且目标受众精准，信息接收和转化率高。微信平台的使用与传播优势，如图4-5所示。

**1 微信平台的使用**

（1）公众号定期更新

增加功能，强化服务能力，在推送内容上，保持和自身企业文化统一的内容。更新频率一般为每周3~5条

（2）开展微信互动活动

针对微信平台开展微信转发、点赞送礼等活动，增加福利活动，如中奖、抽奖等内容

（3）二次开发增加功能

微信不仅仅是推送信息的平台，更是信息展示的平台，应通过二次开发增加展示功能，如企业介绍、学习天地、导航功能等，同时考虑增加实用功能

（4）建立微信群，定期维护

①建立宣传系统微信群，通过微信群交流经验，讨论研究发布的内容、版式、影响等。

②制作印有二维码的礼品，增加微信曝光率

**2 微信平台的传播优势**

（1）微信具有庞大的用户基础

微信是一款跨平台的移动通信工具，拥有广泛的受众群体，让企业的文化传播更为广泛

（2）微信公众号是企业对外传播的重要窗口

除了沟通功能，公众号就像一个企业网站，可以通过公众号发送文章、图片、视频，将企业的思想、文化以及产品的介绍，结合目前使用者的阅读习惯，用简单的文字向用户传递出来

（3）增强与粉丝的互动性

群发功能能精准地推送到用户手机，包括最新活动等。企业可以对用户询问的问题，设定好关键词，自动回复，非常方便

图4-5　微信平台的使用与传播优势

#### 4.2.1.4　微电影

微电影即微型电影，是指能够通过媒体平台传播30~60分钟的影片，适合在移动状态和间隙状态下观看，具有完整故事情节的"微时"（几分钟到半小时）放映，内容可以单独成篇，也可成系列剧。

企业拍摄的微电影是以企业和员工为主要焦点的，把传统意义上的专题片、宣传片制作成集娱乐、趣味、情节于一体的微型电影。

微电影是一种五维度的传播新模式，横跨了电影、电视、网络、行动、实体通路五个维度的营销布局，让整体营销到达一个全新的高度。微电影主要讲述品牌故事，而且它的背后一定有商业驱动，需要专业化的制作，能够达到商业电影一样的视觉与

情感享受。微电影的制作与传播优势，如图4-6所示。

| 1 微电影的制作 | 2 微电影的传播优势 |
|---|---|
| （1）写剧本<br>编写剧本之前，必须确定微电影拍摄的主旨<br>（2）准备设备<br>拍摄器材根据拍摄的微电影和器材预算来定，事先要列好需要租用的拍摄设备，并且考虑到运用的程度，对于一些没必要的设备，尽量去掉，以节省成本<br>（3）找好演员<br>在拍摄微电影之前，基本的剧组配备人员要齐全，分工要明确。其中，演员是最重要的部分<br>（4）拍摄场地<br>场地的选择，要适合微电影剧本的剧情，做到情、景、剧相结合<br>（5）演员预演台词<br>演员事先要背好台词，并根据台词对拍摄的画面进行预演，减少拍摄时间，从而减少拍摄成本<br>（6）后期制作<br>后期制作直接影响片子的质量、观赏感觉，要专业制作人士才能完成。因此，后期制作的安排一定需要有软件制作经验或学习过软件制作的人员参与 | （1）真实直观<br>微电影以画面塑造形象、叙述故事、抒发感情、阐述哲理，逼真地记录现实生活中的人和事，具有其他传播方式难以达到的真实、直观的效果。微电影十分通俗易懂，不同文化、国度、年龄的人都能看得明白<br>（2）新颖且有吸引力<br>①微电影是传播企业文化、凝聚企业员工的一种新探索<br>②当前，企业员工思想具有独立性、多变性和差异性，微电影对企业员工尤其是年轻员工具有吸引力<br>③把企业精神、宣传意图和诉求隐藏于微电影之中，以低成本投入、灵活多变的题材、引人入胜的故事、新颖的拍摄方式，使其既富有趣味性、情节性、娱乐性，又能让员工参与表演和制作，感受其中的乐趣，因而备受欢迎 |

图4-6 微电影的制作与传播优势

与此同时，网络、微博、微信和微电影这些新的媒体传播方式也不可避免地存在一些缺点。

首先，它们属于"快餐文化"，传播的信息具有短暂性。在没有外界人为强化的情况下，信息能够停留在脑海中的状态是转瞬即逝的。用户很可能见完即忘，更难让其吸收消化。

其次，相对于传统的企业传播方式，更加具有不可控性。企业不能真实有效地得到用户的回馈。用户对于所传播的企业文化究竟持何态度，究竟了解了多少，存在什么问题等，这些都不能清晰了解。而传统的面对面沟通交流、有问题及时反馈的文化传播方式就不会存在这样的问题。

## 4.2.2 ERP及高效信息共享

ERP（Enterprise Resource Planning）即企业资源计划，是建立在信息技术基础之上，以系统化的管理思想，为企业提供决策运行手段的管理平台，是基于网络经济时代的新一代信息系统。它主要用于改善企业业务流程，提高企业核心竞争力。

### 4.2.2.1 ERP与企业文化传播系统之间的关系

两者是相互影响和促进的关系。ERP信息化项目的实施过程常常伴随着企业变革和企业文化的建设。

首先，从被动的角度来看，企业自身为了适应ERP的实施，要进行企业业务流程重组、组织结构变革、新旧部门的建立和撤销、人员岗位和职责调整等一系列变革。这些变革影响着企业的每一位员工。ERP的实施与应用会促进企业文化的建设。

其次，从主动的角度来看，为了消除因为工作内容和习惯的改变使部门和员工产生的不适应性，企业文化建设必须和企业的ERP项目同时进行，形成强大的可支持ERP的助力，用文化共识和优良传统解决矛盾冲突。

总之，无论是企业信息化，还是ERP项目后的系统应用，都会受到企业本身文化的影响，具备企业特有的属性。

### 4.2.2.2 ERP对企业文化传播的具体影响

ERP作为现代企业管理的一种思想和方法，实质上本身就代表了一种企业文化。按照企业文化的理论学说划分，企业文化分为物质文化、制度文化、精神文化三个层面，而ERP系统的硬件网络、岗位职责、绩效考核体系，以及ERP理念中所涵盖的顾客视角的创新思维和开放理念都具备了企业文化的基本属性，且构成了一种全新的企业文化。将这种ERP文化移植到企业中去，就是新老文化的整合过程。最终整合是否成功决定了ERP的实施成功与否。

表4-3中显示了某企业实施ERP后，对企业文化中关于管理理念、组织机制和管理模式三个层面的改变。这说明了ERP是对企业文化重新整合的一种冲击。

表4-3 某企业实施ERP前后，企业文化受冲击情况对比

| 项目 | 实施ERP前的企业文化 | 实施ERP后的企业文化 |
| --- | --- | --- |
| 经营哲学层面 | ① 缺乏系统化思想<br>② 缺乏解决主要矛盾和矛盾主要方面的能力和意识<br>③ 轻视计划 | ① 形成系统化思维<br>② 把注意力集中于企业管理的主要矛盾和矛盾主要方面的处理上<br>③ 体现出"防患于未然"的事先计划和控制 |

续表

| 项目 | 实施 ERP 前的企业文化 | 实施 ERP 后的企业文化 |
|---|---|---|
| 价值观层面 | ① 重视顾客，但不能真正满足顾客<br>② 重视人际关系，但员工缺乏主动性、积极性和创造性<br>③ 强调团队，但缺乏团队精神<br>④ 追求卓越，但忽视效益 | ① 顾客至上<br>② 以人为中心，发挥员工的主动性、积极性和创造性<br>③ 强调团队协作和团队精神<br>④ 追求卓越，提供一流的产品和服务 |
| 制度层面 | ① 法治与人治并存<br>② 数据不准确<br>③ 整洁的办公环境 | ① 强调法治化、规范化、标准化<br>② 强调数据化、精确化<br>③ 整洁高雅的办公环境 |
| 物质层面 | 一般质量的产品 | 高质量的产品 |

随着信息产业的日益普及，作为关键辅助系统的软件产业发展也日益昌盛起来。软件建设的成熟度，是企业信息管理与使用的一个象征性标志，软件建设成熟度越高，获取信息的能力越快、越准、越多。

软件建设成熟度通常用软件能力成熟度模型来体现，使用较多的是1987年美国卡内基梅隆大学软件工程研究所SEI受美国国防部资助，提出的软件能力成熟度模型（Capability Maturity Model，CMM），经过多次实践验证及修改完善，目前已成为颇有影响力的能力测试模型。

该模型共分五个等级，即初始级、可重复级、已定义级、已管理级、优化级。它们之间的关系如图4-7所示。

### 4.2.3 数据挖掘技术与开发

在当代，信息技术的作用从提高企业生产经营效率逐步转变为企业生产经营的主导力量。文化信息系统的建设水平则成为大数据时代企业竞争力高低的重要标志，也是文化信息发展的必然趋势。企业文化的发展必须顺应这个趋势，并以最快的速度投入其中。

企业文化传播与大数据的关系密切，如果企业文化传播能够借助大数据技术发展之际的整合优势，就等于是提高了传播内容的过滤性、接受群体的针对性、展示平台的精准性、传播速度的飞跃性，故而大数据挖掘技术也将对其整个企业的文化建设带来深远的影响。企业文化的传播能精准地将时间和资金放在真正关注企业的人身上。基本上，流线型的分析将迫使企业摆脱低效率的做法，重点关注能为员工和客户带来什么价值，进而帮助企业提高利润。

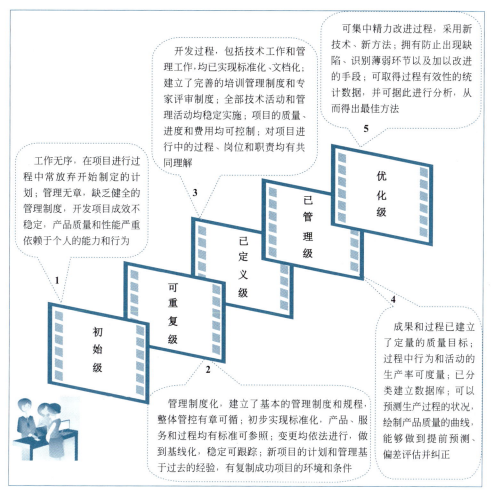

图 4-7 软件能力成熟度模型

#### 4.2.3.1 信息挖掘技术的含义界定

信息挖掘技术是一种数据分析工具，它能够自动发现隐藏在大量数据中的模式等有价值的信息，并且可以利用这些信息进行有效的预测分析。信息挖掘能够发现更为复杂和细致的问题，可用来预测未来的事情。

#### 4.2.3.2 信息挖掘技术的工作环境

信息挖掘工具所抽取的数据来自数据仓库。清洁完整的数据仓库是信息挖掘的基础，没有数据仓库就不能进行信息挖掘的操作。把信息挖掘建立在数据仓库上，首先，能够提高数据仓库系统的决策支持能力；其次，由于数据仓库完成了数据的清洁、抽取、转换和装载，信息挖掘面对的是经过初步处理的数据，因此更加有利于信息挖掘功能的发挥。

此外，在信息挖掘过程中，如果将信息挖掘与数据仓库进行有效的链接，将增加信息挖掘的联机挖掘功能。用户在信息挖掘的过程中，可以利用数据仓库中OLAP❶与各种信息挖掘工具的链接，选择合适的信息挖掘工具，同时，这种链接还为用户灵活地改变信息挖掘的模式和任务提供便利。

企业可以通过设计具体的文化活动，通过绘制员工大数据云图，达到传播企业文化的目的。员工大数据云图可涵盖员工全面的数据信息，并基于人力资源系统数据，形成每一位员工和用户与企业相关的信息（发展历程、老照片等）交叉历程数据地图。数据挖掘技术与开发能够提升企业文化传播系统的效率、参与性、互动性和趣味性，且能丰富企业文化的内涵，有力提升企业文化的影响力、穿透力、辐射力。

## 4.3 企业文化培训体系

杰克·韦尔奇执掌通用电气19年，连续三年在美国《财富》杂志"全美最受推崇公司"评选中名列榜首。他是如何使美国一家老式大企业变成具有很强竞争力、带动全球发展的"火车头"的呢？他最成功之处就在于从根本上改变了通用电气公司的经营观念：一是将通用公司从一家制造商变为服务商，二是定位企业生产的是人才。

很多企业重视业务类、技能类的培训，但却对真正影响企业长期稳定发展的企业文化培训不够重视。企业文化培训的效果不像技术技能培训一样产生快速、明显的转变，因为文化需要长期反复的培训内化，才能深入思想，养成行为习惯。

企业文化培育体系主要是指从培训需求调研、培训效果评估，以及培训管理规范、新员工入职培训等方面进行系统性的规划与建设，使该项工作例行化、制度化、科学化。

### 4.3.1 培训需求调研确保针对性

企业文化培训需求分析是企业文化培训管理工作的起点。培训需求分析的结果可

---

❶ OLAP（Online Analytical Processing），即"联机分析处理"。

以说在某种程度上决定了培训的效果。确保需求调研的针对性，需要真正地挖掘培训需求。

### 4.3.1.1 分析需求来源

（1）组织发展战略分析

企业文化培训必须为企业战略服务，如何从企业战略的角度思考文化培训内容的设计，不妨试着回答以下这几个问题。

① 为促进企业战略目标的实现，员工的企业文化素质包括哪些？目前员工是否具备？

② 如果尚不具备，或者不能满足要求，那么差距在哪里？

③ 企业需要开拓什么样的新项目、新市场、新产品、新技术？

④ 新的业务战略对员工企业文化素质的要求是什么？

（2）业务流程和工作任务分析

即从掌握应具备的基本文化素养的角度出发，从岗位人员的胜任力角度考量，通常又划分为新入职员工、转岗员工和晋升管理岗位三种情况，可相应设计新员工入职企业文化培训、岗前工作文化素养培训、晋升的团队文化培训等。

（3）员工的绩效短板分析

公司应定期对员工的价值观进行评估，包括但不限于发放调研问卷，测评员工如何看待企业文化。负责任的上司也会不定期对下属的价值观、态度和与文化相关的岗位素质进行考评。当员工的价值观目标离预期相差甚远时，就要分析造成这种差距和短板的原因是什么，明确表述出来以后，就可以此为依据设计培训课程或文化引导项目。当然，如果仅是个别员工的特殊原因，不具有普遍性，则可以进行一对一的文化辅导。

（4）员工的个人需求分析

员工个人的文化培训需求考不考虑？这个要看情况。如果是大部分员工的共性需求，企业又具备培训的条件和资源，当然可以考虑。但是，如果与员工从事的岗位工作任务或者职业生涯发展无关，则不必安排。

### 4.3.1.2 进行访谈了解场景与问题

（1）了解场景

企业文化培训需求先表现为现实价值观绩效和预定价值观绩效之间的差距，是由情景中的行为导致的。访谈中了解工作场景的要点，如图4-8所示。

```
┌─────────────────────────┐         ┌─────────────────────────┐
│ ❖找到学员的上司及学员本  │         │ ❖工作情景有可视化的行   │
│ 人进行面谈，需求就相对具 │         │ 为，而行为有三个特点    │
│ 有保障                   │         │ ❖①真实性。这个工作行为 │
│ ❖注意在面谈的时候，一定  │  ┌────┐ │ 是工作分解中包括的一个  │
│ 要多谈工作情景，了解当事 │  │了解工│ 步骤，只是在作业的过程中，│
│ 人的行为及感受，越具体越好│ │作场景│ 学员有可能做错了        │
│ ❖有效的培训需求调研，一  │→ │的要点│←❖②可追溯性。一定可以还 │
│ 定要追溯到员工的行为，了 │  └────┘ │ 原到某个工作节点，在流程│
│ 解他在做哪项工作任务，他 │         │ 图中可以找到            │
│ 当时是怎么做的           │         │ ❖③主体性。有明确的行为 │
│ ❖培训需求必须从工作情景  │         │ 主体，也就是如果工作中有错│
│ 中来                     │         │ 误，一定可以找到责任人  │
└─────────────────────────┘         └─────────────────────────┘
```

图4-8 访谈中了解工作场景的要点

（2）发现问题

事实上，不同行业有不同的特点，有些行业的企业文化培训重在解决当下的问题，有些行业的培训是避免将来出现问题，两者的特点不太一样，一定要思考清楚。

① 培训是为了解决问题还是避免问题？
② 是为了解决或避免什么具体问题？
③ 问题和哪些人有关？
④ 问题可能发生在什么时候？
⑤ 一定要采用培训手段吗？

要想弄明白这些问题，培训组织者就要和学员的上司以及学员本人进行面对面的访谈。

（3）开启访谈

通过访谈，培训组织者能进一步了解需求。应就听到的关键词进行追问与澄清，对需求进行进一步确认，否则无法做到培训的针对性和有效性。

访谈时员工可能会想：说得越多错得越多，我为什么要告诉你？其实做好培训需求的访谈并不容易。人在接受访谈的过程中是有心理感受的，如果感觉压抑，当事人就不愿开口。所以在访谈时要注意多引导、多倾听，让每次需求访谈都落到实处。

除了面对面或电话访谈，最常用的培训需求分析方法还有问卷法、资料法、关键事件法、能力测试法、行为观察法等。各种方法各有利弊，在实际工作中，我们需要综合运用几种方法，比如先用访谈法与学员交流，再用问卷法确定具体问题。

## 4.3.2 培训效果评估促技能迁移

柯式四级评估法,是由国际著名学者柯克帕特里克(Kirkpatrick)于1959年提出的,是目前应用最为广泛的一种培训效果评估方法。该评估方法不仅要求观察学员的反应、检查学员的学习效果,而且强调衡量培训前后学员技能的转换和组织经营业绩的变化。

### 4.3.2.1 柯式四级评估法的层级及内容

柯式四级评估法各层级评估及其相关的内容,具体如表4-4所示。

表4-4 柯式四级评估法的层级与内容

| 评估层级 | 主要内容 | 评估事项 | 衡量方法 |
| --- | --- | --- | --- |
| 反应评估<br>(一级评估) | 观察学员的反应 | ① 学员是否喜欢该培训课程<br>② 培训课程对学员是否有用<br>③ 学员对培训讲师及培训设施等有何意见<br>④ 学员的课堂反应是否积极 | 问卷调查、填写评估调查表、评估访谈 |
| 学习评估<br>(二级评估) | 检查学员的学习成果 | ① 学员在培训项目中学到了什么<br>② 培训前后,学员的知识、理论、技能有多大程度的提高 | 填写评估调查表、笔试、绩效考核、案例研究 |
| 行为评估<br>(三级评估) | 衡量培训前后学员的工作表现 | ① 学员在学习上是否改善了行为<br>② 学员在工作中是否用到了培训内容 | 由上级、同事进行评价,观察绩效记录 |
| 结果评估<br>(四级评估) | 衡量企业经营业绩变化 | ① 行为的改变对组织的影响是否积极<br>② 组织是否因培训而经营得更加顺畅<br>③ 考察质量、事故、生产率、工作动力、市场扩展、客户关系维护等 | 通过事故率、生产率、员工离职率、次品率等指标进行衡量 |

### 4.3.2.2 评估层级选择

企业在进行培训评估时,应根据培训的实际状况,综合考虑各项因素,并针对不同的培训项目采取不同的评估层级以及选择差异性的评估方式。柯氏四级评估法各评估层级的优缺点比较,具体内容如表4-5所示。

表 4-5　柯式四级评估法评估层级比较

| 评估层级 | 优缺点 | 评估时间 |
| --- | --- | --- |
| 反应评估 | ① 优点：简单易行<br>② 缺点：主观性较强，容易以偏概全 | 培训结束时 |
| 学习评估 | ① 优点：给学员和讲师一定压力，使之更好地学习和完成培训<br>② 缺点：依赖于测试方法的可信度和测试难度是否合适 | 培训开始前<br>培训进行时<br>培训结束后 |
| 行为评估 | ① 优点：可直接反映培训的效果，使企业高层和主管看到培训效果后更支持培训<br>② 缺点：实施有难度，要花费很多时间和精力，难以剔除不相关因素干扰 | 培训结束后<br>三个月或半年 |
| 结果评估 | ① 优点：量化翔实、令人信服的数据可以消除企业高层对培训投资的疑虑，而且可以指导培训课程计划，把培训费用用到最能为企业创造经济效益的课程中<br>② 缺点：耗时长、经验少，目前评估技术不完善，简单的数字对比意义不大，必须分辨哪些结果与培训有关，且有多大关联 | 培训结束后半年或一年 |

#### 4.3.2.3　行为评估调查表的设计

要评估员工学习后技能是否应用到了工作岗位中，应用的程度如何，就需要用行为评估调查表进行详细调研。表 4-6 是行为评估调查表范例，供读者参考。

表 4-6　行为评估调查表范例

| 学员填写内容 | | | |
| --- | --- | --- | --- |
| 姓名 | | 部门 | |
| 培训课程 | | 培训讲师 | |
| 培训组织部门 | | 培训时间 | |
| 培训内容 | | | |
| 培训收获 | | | |
| 培训建议 | | | |
| 学员所在部门负责人填写内容 | | | |
| 该学员在日常工作中是否能够运用培训中学到的技能？请举例说明。 | | | |

续表

| 学员所在部门负责人填写内容 |
|---|
| 您是怎样督促该学员运用培训所学技能的? |
| 通过此次培训,该学员的工作方法有何改进? |
| 通过此次培训,该学员的工作绩效有何改进? |
| 您对培训工作有何意见和建议? |
| 部门负责人签字　　　　　　　　　　　日期 |

## 4.3.3 制度范例:企业文化培训管理规范

表4-7是企业文化培训管理规范范例的调整和优化版,供读者参考。

表4-7 企业文化培训管理规范范例

| 章节 | 内容 |
|---|---|
| 第1章 总则 | 第1条 为了形成更有凝聚力的企业文化,提升公司在职员工群体素质,提高员工工作技能及效率,达成工作目标,特制定本办法<br>第2条 公司按照国家规定提取和使用企业文化培训经费,为员工适时提供培训和可持续发展的机会空间。<br>第3条 本办法适用于与公司建立劳动关系的员工<br>第4条 本办法同时以文本版和电子网络版的形式与员工见面,两者具有同等效力,员工可通过电脑查阅公司网站公布的电子文本 |
| 第2章 培训内容 | 第5条 公司培训体系包括新员工岗前企业文化培训和员工在职企业文化培训<br>第6条 岗前培训是指员工到岗后至试用期满前的企业文化培训<br>第7条 在职员工企业文化培训按照年度企业文化培训计划实施<br>(一)公司每年根据具体情况由企业文化部对各层级人员进行培训<br>(二)专项企业文化培训由本人、本部门或企业文化部提出专项申请,报总经理批准执行 |

续表

| 章节 | 内容 |
|---|---|
| 第3章<br>培训<br>管理 | 第8条 培训规划<br>（一）公司根据业务发展需要，由企业文化部拟定全公司的培训教育规划。每年制定一次企业文化培训计划<br>（二）各部门根据公司规划和部门业务内容，制定年度企业文化培训需求，于每年12月将下年度培训需求报至企业文化部统筹执行<br>（三）企业文化部除规划实施企业文化培训以外，还应做好以下组织管理工作<br>① 收集、编写适合公司的企业文化培训课程教材，并根据形势发展变化，不断修改、完善<br>② 建立资料档案，将各类有实用性的资料编写、翻译、复制、印刷给各有关部门参考使用<br>③ 录制、购买或转录培训教学录像带、录音带、幻灯片等，不定期组织员工观看学习<br>④ 根据需要计划、组织、安排培训讲师到公司授课，并负责提供相应参考资料及对员工进行训后考核<br>⑤ 将各部门的岗位工作制度、操作规程进行备份，作为企业文化部制定培训计划、核查培训效果、建立培训档案的依据<br>⑥ 企业文化部根据工作需要，将公司全体员工接受过何种企业文化培训的资料进行分类整理、归档，建立培训档案，为公司人员的考核、晋升、考察、奖罚提供依据<br>第9条 企业统一组织企业文化培训时，员工应遵守以下培训纪律<br>（一）员工必须按培训通知上注明的时间准时到场参加培训。如确需请假，须经部门经理同意，并至少提前半天，将有部门经理签字的请假单交至培训主管处，否则按旷工处理<br>（二）参加培训期间，不得在现场接听电话或处理培训会课题以外的事情，须将手机设置为静音状态。违者将通告批评<br>（三）如未经请假没有听完全场培训的，一经发现即按旷工处理<br>（四）在两场培训间隔之后，或在一场培训中场休息之后没有准时进场参加者，按迟到处理<br>（五）两次以上未经请假不参加培训者除按培训纪律予以处罚外，将取消其参加培训的资格并按人力资源管理制度对其进行相应处罚<br>第10条 为确保企业文化培训质量的延续，公司将要求参与人在参与培训后填写培训评价表，从计划、授课人、培训内容、结果四方面进行评价<br>第11条 企业文化部在培训后对员工进行跟踪调查，并在培训结束后一段时间内，向相应部门主管发放"培训后员工价值观表现情况调查表"，各部门需密切配合，将情况准确详细地填列，并按时交回企业文化部 |
| 第4章<br>附则 | 第12条 本规范自执行之日起，之前制定的有关规定与本规范有抵触的，按本规范实施 |

| 起草人 | | 审核人 | | 审批人 | |
|---|---|---|---|---|---|

## 4.3.4 方案范例：新员工入职培训计划

表4-8是新员工入职培训计划范例的调整和优化版，供读者参考。

表4-8 新员工入职培训计划范例

| 项目类别 | 计划内容 |
| --- | --- |
| 方案设计背景 | 近几年企业规模不断发展壮大，市场份额逐年提升，为满足业务需要，企业将陆续引进一批新人，根据目前的培训能力及条件，企业希望通过培训帮助新员工快速了解企业文化、规章制度、业务内容、新员工任职岗位的业务技能特点等，使新员工快速融入工作团队 |
| 培训目标 | ① 帮助新员工了解企业概况、规章制度、组织结构，使其更快适应工作环境<br>② 让新员工熟悉新岗位职责、工作流程、安全注意事项、卫生知识以及本行业应具备的基本素质 |
| 培训内容及时间安排 | 根据培训级别不同，企业将安排不同的培训内容，主要包括集团级培训、公司级培训及部门级培训<br>（1）集团级培训<br>集团级培训由集团职工培训学校（即企业大学，以下简称"集团商学院"）负责，通过不定期分发员工培训手册的形式进行，主要包括以下内容<br>① 集团发展史、现状与前景，描述集团所处的地理位置和交通情况<br>② 集团的企业文化与经营理念<br>③ 集团组织结构及主要领导，集团各部门职能介绍，主要服务对象、服务内容、服务质量标准等<br>④ 集团有关政策与福利，集团有关规章制度，员工合理化建议采纳的渠道<br>⑤ 解答新员工提出的问题<br>（2）公司或中心级培训<br>公司或中心准备培训材料，在新员工入职一周内进行，主要包括以下内容<br>① 对新员工表示欢迎<br>② 按照各公司或中心的行业特点，需要准备培训手册并由专人讲解公司或中心的组织结构、工作性质、有关规章制度和服务行业基本素质等<br>③ 在员工工作部门，为新员工指定辅导老师<br>④ 解答新员工提出的问题<br>（3）部门级培训<br>部门级培训由员工实际工作的部门负责，在参加完公司级别的培训后进行，主要内容如下<br>① 介绍新员工认识本部门员工<br>② 参观工作部门<br>③ 介绍部门环境与工作内容、部门内的特殊规定 |

续表

| 项目类别 | 计划内容 |
| --- | --- |
| 培训内容及时间安排 | ④ 讲解新员工岗位职责要求、工作流程、工作待遇，指定一名老员工带教新员工<br>⑤ 一周内，部门负责人与新员工进行意见交换，重申工作职责，指出新员工工作中出现的问题，回答新员工的提问<br>⑥ 对新员工一周的表现进行评估，给新员工的下一步工作提出一些具体要求 |
| 培训程序 | ① 人力资源部首先对新员工做入职引导，进行为期一周的整体培训，帮助新员工熟悉整体运行情况。每期培训结束后要进行相应的测验。不合格者将进行再次强化训练，直到合格为止<br>② 新员工培训合格后，由用人部门进行部门及岗位相关的业务培训，之后再进行相应的测验。不合格者要进行重新培训，直到合格为止。超过三次培训测试不合格者将推迟转正时间<br>③ 集团培训安排在新员工入职培训的最后一个环节，帮助新员工了解集团的发展状况。培训结束后，由集团人力资源部统一进行测验考核 |
| 培训实施 | ① 召集各公司或中心负责培训的人员，就有关集团新职工培训实施方案，征求与会者意见，完善培训方案<br>② 各公司或中心尽快拿出具有针对性的培训教材，落实培训人选，配合集团商学院组建从上至下的培训管理网络<br>③ 在集团内部宣传新员工培训方案，通过多种形式让全体职工了解这套新员工培训系统，宣传开展新员工培训工作的重要意义<br>④ 所有新员工在正式上岗前，都必须首先接受公司或中心的集中培训一次，然后再到具体工作部门进行培训，各公司或中心可根据新员工基本情况实施相应的培训教材和时间。一般情况下，培训时间为1~3天<br>⑤ 集团商学院根据新员工人数不定期实施整体的新员工培训，总体培训时间以一周为宜，培训合格后发放结业证书，培训合格名单报集团人力资源部 |
| 培训跟踪与考核 | ① 公司或中心制作的培训教材须经过集团商学院审核，并交集团商学院存档，所进行的公司或中心、部门培训应在集团商学院的指导下进行<br>② 各公司或中心每培训一批新员工都必须完成一套新员工培训表格。"部门培训—公司或中心培训—集团商学院培训"的培训链，应环环相扣，层层确认<br>③ 培训实施过程应认真严格，保证质量，所有培训资料注意保存，并注意在实施过程中不断修改完善<br>④ 培训结果经集团商学院抽查后，统一发放培训结业证书；商学院针对各中心新员工培训情况，每学期给各中心总结反馈一次 |
| 培训效果评估 | 培训负责人须根据新员工的工作表现及新员工的学习总结报告，结合新员工的工作业绩及其对培训的评价来评估此次培训的效果 |
| 起草人 | 审核人　　　　　　审批人 |

## 4.4 组织知识管理工具

企业文化的传播是基于完善的组织知识管理系统的。那么，如何对企业人物经验、典型案例等知识进行搜集和整理，如何使每一个员工都最大限度地贡献出其积累的知识，使企业实现知识的共享，就是企业组织知识管理的主要目标。

### 4.4.1 工具范本：德尔菲法及操作步骤

德尔菲法是知识管理工具中一种主观、定性的方法。它不仅可以应用于预测领域，而且可以广泛应用于各种评价指标体系的建立和具体指标的确定过程。企业文化部门要加强与人力资源管理部门的定期沟通，尤其是在每年年底或年初全员制定绩效考核指标和目标值的时候，提倡配合人力资源部和各业务部门运用德尔菲法，传递一种指标选取和目标值制定科学、合理，吸纳外部专家意见和建议的绩效文化氛围，传递一种全员参与、全程参与的企业文化理念。

德尔菲法的六个操作步骤如图4-9所示。

| 组成专家小组 | 按照课题所需要的知识范围，确定专家。专家人数的多少，可根据预测课题的大小和涉及面的宽窄而定，一般不超过20人 |
|---|---|
| 询问要求 | 向所有专家提出所要预测的问题及有关要求，并附上有关这个问题的所有背景材料，同时请专家提出还需要什么材料。然后，由专家做出书面答复 |
| 过程跟进 | 各个专家根据他们所收到的材料，提出自己的预测意见，并说明自己是怎样利用这些材料并提出预测值的 |

图4-9

|  |  |
|---|---|
| 对意见进行初次整理分析 | 将各位专家的第一次判断意见汇总，列成图表，进行对比，再分发给各位专家，让专家比较自己同他人的不同意见，修改自己的意见和判断。也可以把各位专家的意见加以整理，或请更资深的其他专家加以评论，然后把这些意见再分送给各位专家，以便他们参考后修改自己的意见 |
| 对意见进行再次、多次整理分析 | 将所有专家的修改意见收集起来，汇总，再次分发给各位专家，以便做第二次修改。逐轮收集意见并为专家反馈信息是德尔菲法的主要环节。收集意见和信息反馈一般要经过三四轮。在向专家进行反馈的时候，只给出各种意见，但并不说明发表各种意见专家的具体姓名。这一过程重复进行，直到每一个专家不再改变自己的意见为止 |
| 对意见进行综合处理 | 重复进行预测汇总，在每次预测中，大多数专家都再一次修改了自己的看法，直到所有专家都不再修改自己的意见为止 |

图 4-9　德尔菲法的六个操作步骤

## 4.4.2　工具范本：头脑风暴法及操作步骤

头脑风暴法又称智力激励法、BS法、自由思考法，是由美国创造学家奥斯本于1939年首次提出、1953年正式发表的一种激发性思维方法。

头脑风暴法是指运用小组会议的组织方式，以实现激发与会者的创意及灵感，使各种设想在相互碰撞中激起脑海的创造性风暴的过程。企业文化课程培训与互动的环节，项目立项和执行过程，创新、创造性地解决问题等均可以运用头脑风暴法。

头脑风暴法不仅可以克服传统会议决策法的缺陷，让所有与会人员在自由愉快、畅所欲言的气氛之中，通过相互之间的信息交流一起思维共振，产生创造性的决策方案，还能够深度解读企业文化，并通过"提出问题、解决问题"的模式促使多方达成共识。

（1）*头脑风暴法的两种类型*

头脑风暴法可分为直接头脑风暴法（通常简称为头脑风暴法）和质疑头脑风暴法（也称逆向头脑风暴法），如图4-10所示。

## 直接头脑风暴法

◎ 直接头脑风暴法是在专家群体决策时尽可能激发创造性，产生尽可能多的设想的一种方法

## 质疑头脑风暴法

◎ 质疑头脑风暴法是一种对前者提出的设想、方案逐一进行质疑，并分析其实现可行性的一种方法

图 4-10　头脑风暴法的两种类型

（2）运用头脑风暴法应遵循的四项原则

在运用头脑风暴法时，为确保决策的效果，应遵循如表 4-9 所示的四项原则。

表 4-9　头脑风暴法的运用原则

| 原则 | 相关说明 |
| --- | --- |
| 庭外判决 | 对各种意见和方案的评判必须放到最后阶段，此前不能对别人的意见提出批评和评价。认真对待任何一种设想，无论其是否适当和可行 |
| 各抒己见 | 创造一种自由的气氛，激发参加者提出各种想法 |
| 追求更多数量 | 意见越多，产生好意见的可能性越大，先求量不求质，发表记录更多好想法 |
| 探索改进办法 | 除了提出自己的意见外，鼓励参加者对他人已经提出的设想进行补充、改进和综合 |

（3）头脑风暴法的实施形式

头脑风暴法一般以会议的形式进行，参加人数为 5～10 人，最好由不同专业或不同岗位的人员组成。其中设主持人一名，主持人只主持会议，对设想不做评论；设记录员一名，对与会人员的每一种设想进行记录。

担任头脑风暴法讨论的主持人最好由对决策问题的背景比较了解并熟悉头脑风暴法的程序和处理方法的人员担任。

（4）头脑风暴法运用程序

头脑风暴法在传播企业文化的过程中，分为准备阶段、热身阶段、明确问题阶段、问题畅谈阶段和筛选阶段共五个阶段。其中准备阶段是其他四个阶段实施的保障，而且所要解决的问题和所要达到目标设定得正确与否，直接关系到头脑风暴法运用的成效。其运用程序如图 4-11 所示。

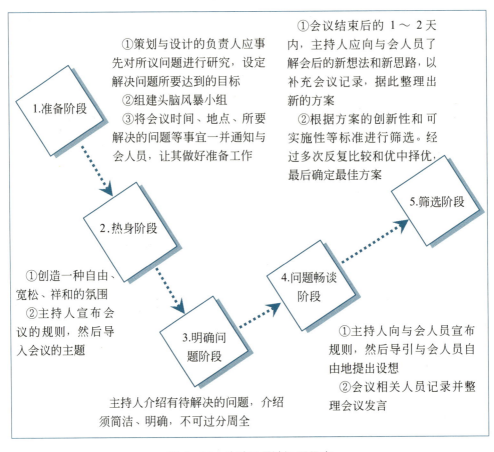

图 4-11 头脑风暴法运用程序

## 4.4.3 工具范本：平行思考法及案例分析

不知道大家在日常工作或生活中有没有类似这样的感觉：一个部门的同事都很了解，家里的亲人都很熟悉，很多时候发表观点或提出解决问题的思路好像都趋向于一致，有一种说不太清楚的固化、同化思维模式在作怪。

然而，企业文化传播的现实情况是需要大家从不同的角度、不同的维度解读，求同存异，更好地落地企业文化，所以，企业就需要提倡并培育员工进行平行思考，而不是人云亦云。

平行思考法（Lateral Thinking），又称为德博诺理论、发散式思维法、水平思维法，是英国心理学家爱德华·德博诺博士所倡导的一种创意思考方法。

为确保平行思考法的思考效果，企业应关注并学会运用"六顶思考帽"这个工具。六项思考帽提供的是具体的框架，使企业能够从传统的辩论和对立式的思考转换为从不同角度对一项工作的合作性考察。

六项思考帽的寓意为：白色帽子代表客观地收集信息；红色帽子代表直觉和感觉；黑色帽子代表有逻辑理由地谨慎、否定和批判性思考；黄色帽子代表有逻辑理由地肯定、欣赏和超前性思考；绿色帽子代表创造性努力和创造性思考；蓝色帽子代表控制思考过程本身。

对于每一种基本的思考行为模式，都可以使用不同颜色的帽子来表示。通过这种方法，企业可以更为方便地根据需要，从一种思考模式切换到另一种思考模式，在任何时候，都可以提出进行某种思考模式的要求。

六项思考帽用六项颜色不同的帽子为比喻，把思维分成六个不同的方面。这六种思维方式并不代表六种性格的人，而是指每一个人在思考问题时都可以扮演六种不同的角色，如图4-12所示。

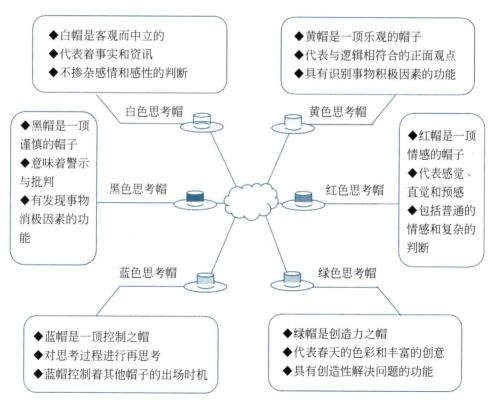

图4-12 六顶思考帽工具模型

六项思考帽在企业文化培训结束后效果评估中的应用，操作案例如下所示。

## 六顶思考帽操作案例

**事件背景** 某企业文化培训结束后,讲师希望指出讲授中的不足,以便改进。

**事件目的** 明确沟通目的,认识不足,寻求改进方法。

**事件工具** 建立六顶思考帽的顺序——红帽、白帽、黄帽、黑帽、绿帽、蓝帽。

**具体步骤** 进行六帽序列的提问。

**红帽** 你能做一个简单的课后评价吗?你这次讲课的自我感觉如何?

(讲师)答:感觉还可以,感觉大家比较满意。

**白帽** 你能举些例子或者数据来证明你的感觉是对的吗?试举出三个例子好吗?

(讲师)答:① 课后评价9分;② 两位同事说我表现比以前好;③ 课程结束后,学员主动握手,交换名片。

**黄帽** 你觉得这次主持,对你个人有什么样的好处,对你有哪些帮助?

(讲师)答:好处很多,比如锻炼语言组织、即兴表演、控场能力和情绪控制能力。

**黄帽** 你觉得表现好的地方在哪里?换句话说,哪些地方是可以传承和发扬的?

(讲师)答:热场破冰游戏,拉近距离;好的开场白,塑造老师的价值。

**黑帽** 同样地,你觉得哪些地方没有表现好,或者说是需要改进的?你不妨好好回忆一下。

(讲师)答:我觉得没有达到自己最满意的评价,课下没有主动和学员接触。

**黑帽** 你为什么会拖堂半个小时?

(讲师)答:喔,我做了两个游戏,时间太长了。

**黑帽** 那你知道这样会给学员造成什么感觉吗?如果你是学员,你会有什么感觉?

(讲师)答:没有时间概念。

**绿帽** 那以上问题如何改进呢?你有什么好的方法吗?

(讲师)答:向优秀的讲师学习,积极沟通。

**蓝帽** 如果再让你讲一次,这个培训重来的话,你认为如何做才能做得更好?

(讲师)答:我提前演练,做好准备,注意流程等。

## 4.5 员工培育开发工具

引导技术、教练技术和复盘技术本身就是一种企业文化传播工具。如果在企业文化宣贯的过程中，摒弃以往的"唠叨式"说教和"形式化"喊口号，转而运用引导、教练和复盘这些技术，以员工为本，让员工演主角，请员工身先士卒，定会作为其他企业文化传播方式的有益补充，也更贴合90后、00后等年轻一代员工的风格，易于接受。

### 4.5.1 引导技术及其应用

引导是一项能够有效调动一群人的积极性、促进高质量合作的能力。激发群体智慧，促进群策群力，是企业文化传播创新的一项关键工具。

优秀的引导者表现为"上善若水，水善利万物而不争"。引导，从字面上的意义来看，就是让事情变得容易。它是一门鼓励所有相关人群的参与、拥有感与创意的方式，是透过流程引领人们达成共同目标的艺术。引导时关注的焦点是流程（即如何去做一件事）而不是内容（做些什么）。引导技术是引导者通过帮助个人或团队识别问题、制定决策、解决问题，以提升个人和团队有效性的过程。

在企业文化培育研讨场景中的控场也是引导技术的应用场景之一。查尔斯说："只要我们对过去的事情进行深刻的反思，学习自然就发生了。"就是要让你的受众处于一种可以引导的氛围（放松、活跃的氛围），你才能够顺利地去引导，达到收放自如的效果。上课也一样，所谓破冰、暖场等目的都是为了提升气场和团队氛围，在此基础之上老师再去引导才能更有效。

### 4.5.2 教练技术及其应用

管理团队的卓越教练，具有丰富的实践经验，能够敏锐地识别出不同的情境，并且客观地给出相应的观点。卓越的教练在企业文化传播层面会是一位非常不错的参谋。

被誉为组织发展奠基人之一的理查德·贝克哈德说过："我们的责任是把所学传递给他人。"这里，老人带新人的传递方式是最有效的。教练业务经验老到，知道捷径，能够避开陷阱与禁区；教练带新人就是把他多年在组织内形成的企业文化烙印展示出来,并且手把手地传承下去。

提问是商业教练、咨询顾问、领导者常用的手段。有效的教练总是能够提出正确的问题,以问题为导引让新人在接受现成信息的基础上产生独立的感悟。同时,教练自己也在思考:什么样的问题才是好问题;我为什么要这样提问;我想要达到什么效果;我如何提出好问题以使新人感兴趣并乐于接受自己的观点和价值观等。

与传统的管理培训方法相比,现代教练技术不只是注重知识训练或技巧训练,而是更加强调以人为本,着重于激发个人潜能,发挥积极性,帮助员工寻找最适合自身发展的工作方式,从而更有效快捷地达到目标,达到更高的绩效。

一般而言,教练作为名词就是员工的上级领导,作为动词就是培训辅导。传统管理方法与现代教练技术相比有很大的区别,具体如表4-10所示。

表4-10 传统管理方法与现代教练技术的区别

| 传统管理方法 | 现代教练技术 |
| --- | --- |
| 说话的时间多 | 聆听的时间多 |
| 发布命令指示 | 发问、指导、启发 |
| 问题发生后的补救 | 问题发生前的预防 |
| 实行控制、监督 | 提供支持、帮助 |
| 替员工做决策 | 引导员工自己做决策 |
| 更关注事情本身 | 更关注人 |
| 和员工保持距离 | 和员工关系密切 |
| 重视成果 | 要求过程 |

企业现代教练技术的管理方式是运用一套技术,更多地激励员工,让员工自己发挥创意,找出问题的解决之道,其管理的重点在人而不在事。同时,现代教练技术也是开发管理者其他能力(诸如学习能力、创新能力、沟通能力)的工具。现代教练技术的运用对于建立学习型组织和团队自我管理、打造高绩效团队有独特的作用。

企业文化教练在运用现代教练技术推动企业文化传播的过程中,应注重企业文化的宣贯,真正把企业文化理念植入领导与员工的上下级互动进程中,一般按照五大步骤进行操作。

(1)关注员工的职业生涯

企业中的每一名员工都希望能在事业上有所发展。领导者应该注意倾听员工的个人发展目标,制定一份员工发展的计划表,对企业员工的发展状况做到心中有数。团队领导者应随时关注每一位员工的工作状态,为员工的工作表现建立档案,以便于对员工进行有针对性的培训。

（2）根据绩效确定培训项目

员工在工作能力方面难免会存在一些不足，因此需要根据员工的业绩找出需要加强的培训项目。例如，如果员工跟客户谈话的时候容易出现问题，则需要加强沟通的技巧，加强谈判课程方面的培训。对于不同的人有不同的技能要求，领导者应清楚地了解员工需要培训的内容，针对实际需要培养员工的能力。

（3）做好培训前的辅导

在每次培训前，领导者应该对员工进行辅导。事先将培训课程的优点及益处讲解给员工，提前调动员工学习的积极性，然后说明培训所需的准备工作，以及课程结束时必须完成的目标。

部分领导者忽略了给予员工培训前的辅导，没有把培训当成很重要的工作。而企业教练型的领导者会将培训工作放在很重要的地位，充分发挥教练角色的作用。

（4）协助员工制定行动计划

培训结束之后，领导者一定要向接受培训的员工询问课程的学习内容，督促培训内容的复习与巩固。领导者应该让员工根据培训内容确定一个目标和行动计划，完成目标之后，对完成情况提出评估性的建议，并对员工努力获得的培训成果予以激励。

（5）营造学习与实践的氛围

作为企业教练，应该注意给予员工充分的学习时间，使员工掌握更多的信息。团队领导者应在团队内营造出良好的学习氛围，鼓励员工不断学习，并对所学内容加以实践，保证员工每天都有一定的学习时间。在这段学习期间内，员工之间可以互相分享各自所获得的经验，做到取长补短，共同发展。

## 4.5.3 复盘技术及其应用

复盘最初作为创业型企业的一个工具，具有很强的操作性。联想集团把复盘作为重要的方法论推广，是为了搞清楚在企业每次行动过程中，导致成功或失败的真正原因是什么，不断总结企业的根本规律，积累联想人的经验，不断提高能力。我们则把复盘作为企业文化传播的一种智慧工具。

在联想，复盘其实很直白。柳传志说过一段话："把一件做成的或者没做成的事完成之后，需要从头到尾地理一遍，梳理的过程中需要包含事先是怎么想的，以及在过程中出了什么问题及其原因，及时吸收经验教训。"

复盘需要对事不对人，目的是后续提升人和组织的能力，而不是秋后算账的手段。建立起这种安全感和信任是做好复盘的基础。有的事因为人的原因没有做好，也要说出来。认识问题越深刻，对于个人的成长就越有利，个人能力也在不断提升，这是以人为本。企业最开始引入复盘只是一个工具，时间一长，每个人都有了复盘的习惯，就会形成企业的一种文化。复盘的四个步骤和五种态度，如表4-11所示。

**表4-11 复盘的四个步骤和五种态度**

| 复盘的四个步骤 | | 复盘的五种态度 | |
| --- | --- | --- | --- |
| 步骤一：回顾目标 | 当初的目的或期望的结果是什么 | 态度一 | 开放心态 |
| 步骤二：评估结果 | 对照原来设定的目标找出这个过程中的亮点和不足 | 态度二 | 坦诚表达 |
| 步骤三：分析原因 | 成功的关键原因和失败的根本原因，包括主观和客观两个方面 | 态度三 | 实事求是 |
| 步骤四：总结经验 | 需要继续哪些措施，需要实施哪些新举措，需要中止哪些项目 | 态度四 | 反思自我 |
| 配套的工具方法包括感悟、体验、反思、规律，还包括行动计划 | | 态度五 | 集思广益 |

在企业文化传播过程中使用复盘技术需要注意十大事项。尤其是对于初用复盘方法的企业或创业企业来说，理解以下十个注意点能够更有效地进行复盘。

① 分清目的与目标的不同，正确的目的保证目标的方向；清晰而适配的目标能更好地分解和保障目的的实现。

② 除了确定目的之外，最好能确定出可量化的目标或具有里程碑性质的标志。如果没有量化或可考核的目标，就很难保证目的实现，也很难与结果对照评估。

③ 如果事前所提目的、目标不清晰，复盘时就要追补清晰，以便于本次对照，提高下次确定目标的准确度。

④ 要与原定的目标相比较，客观分析意料外的重要亮点或不足。

⑤ 亮点与不足同样重要，不能弱化亮点，过分谦虚要不得，忽略真本事更遗憾。

⑥ 多引入外部典型事实样本，让结果评估的视野更广阔、结论更客观。

⑦ 分析成功因素时，多列举客观因素，精选真正的自身优势去推广。

⑧ 分析失败原因时，多从自身寻找原因和不足，补齐短板。包括要谨慎检视当初的目的、目标定立是否明显有误才导致失败，否则原因分析可能围绕着错误的目的、目标展开，事倍功半。

⑨ 总结经验（规律）要尽可能退得远，寻求更广泛的指导，尽量不局限于就事论事。

⑩ 总结经验要谨慎，总结规律更要小心；不能刻舟求剑，把一时一地的认识当成规律。

在联想，复盘是一种学习机制，它是在实践过程中培养和发现人才的重要手段。现在很多企业还没有完全意识到复盘的重要作用。

为了更好地理解复盘的作用，我们用成年人的学习原理打个比方。大家都知道，对于成年人来说，70%知识的获取来自自己的实践，20%的知识来自师傅带徒弟，只有10%的知识来自课堂。那么如何让来自个人实践的70%的知识变成大家达成共识的内容？这就需要复盘在企业中发挥作用。复盘可以说是整个团队学习和成长的方法，或者叫作一种机制。在复盘的过程中，往往能够发现认同企业文化的真正人才，而复盘本身就是对人的一种训练和对企业文化核心价值观的培养。不论是发现人才，还是训练和培养，都是基于大家这70%的知识与经验。可见复盘在企业文化传播过程中的重要性。

# 第 5 章
# 完善企业文化管理保障体系

世界上之所以存在着不同的民族文化，最重要的原因就是，各国人民在思想观念、待人接物，甚至饮食、穿着打扮等方面存在巨大差异。企业与任何组织一样，都具有人格化的特征，文化的载体也不可能只是人，或者只是一个方面。

玛氏公司有一个故事。公司领导人弗雷斯特·马尔斯在仲夏到一个巧克力工厂去视察。他走上三楼，最大的巧克力机就在那里，楼内闷热难当。他问工厂经理："你们怎么不在这里装上空调呢？"经理说他没做预算。马尔斯并未多说，而是让楼下的维修人员到楼下把那位经理办公室里所有的东西都搬到这台大巧克力机旁。然后他对经理说："空调什么时候装好，你就什么时候搬回自己的办公室去。"

贺利得在担任杜邦公司的首席执行官时发起了"联系一位客户"的计划，通过这一计划鼓励员工每月去拜访一位客户，了解他们的需要和所关心的问题。

日本的夏普工厂，对最佳员工的奖励就是要他们成为"金色奖章小组"里的一员。这一小组有权直接向总裁汇报。无论怎样，首席执行官们都必须把他们想要推动的组织文化明确化、制度化。

《寻找优势》一书中提到：我们强烈地感受到，优秀公司之所以优秀，是因为它们具有一系列独特的文化特质，这使得它们与其他公司大不相同……但通过调查，我们确实发现几乎每一个优秀公司都有一两个很强的领导人，他们似乎对于公司经营成功贡献颇多，起到头等重要的作用。

所以，企业文化体现在硬件物质、员工行为、管理制度和企业家精神等多个层面。

## 5.1 企业文化的结构、功能与层次

企业文化建设和宣贯的最终目的还是企业文化落地。企业文化落地主要指的是"知""信""行"，也就是先让公司员工知晓企业文化，然后认同企业文化，最终在行为上体现企业文化。具体而言，"知"是指高管精通、中层熟知、员工知晓；"信"是指企业文化被员工所认同；"行"是指全体员工践行企业文化，企业文化成为员工日常行为的价值导向。所以，企业文化可以分为四个子系统，对接四个层面，促进企业文化体系落地有声。

企业文化系统包括文化识别系统、文化传播系统、文化管理系统和文化评价系统四个子系统。企业文化结构包括最基层的物质载体和行为、制度、精神层面。其中，物质文化层是表层硬性文化；行为文化层是规范呈现文化；制度文化是中介特色文化；精神文化是内层软性文化。

## 5.1.1 企业文化结构的四个层面

对应企业文化系统,企业文化结构四个层面的划分才能支撑企业文化管理保障体系。企业文化建设要提供、夯实物质载体,要规范、引导行为层面,要搭建、完善制度层面,要抓好、营造精神层面,如图5-1所示。

图5-1 企业文化结构的四个层面

（1）企业文化的物质载体

企业文化的物质载体是指企业、生产、销售、生活、文化娱乐诸方面的环境、条件、设施等物质要素的总和。它是企业的物质财富,即企业文化的物质躯壳,是有形的、直观的。通过这些企业文化的物质载体,人们可以进一步了解和认识企业的形象、精神等深层面的文化内容。它主要包括以下两个方面的内容。

① 企业生产的产品和提供的服务。企业生产的产品和提供的服务是企业生产经营的成果,是企业物质文化的首要内容。

② 企业的工作环境和生活环境。企业创造的生产环境、企业建筑、企业广告、产品包装与产品设计等,都是企业物质文化的主要内容。

（2）企业文化的行为层面

企业文化的行为层面是指员工在生产经营及学习娱乐活动中产生的文化,是在企业经营、教育宣传、人际关系活动、文娱体育活动中产生的文化现象,包括企业行为的规范、企业人际关系的规范和公共关系的规范。企业行为包括企业与企业之间、企业与顾客之间、企业与政府之间、企业与社会之间的行为。具体有以下四个方面的内容。

① 企业行为的规范是指围绕企业自身目标、企业的社会责任、保护消费者的利益等方面所形成的基本行为规范。企业行为的规范从人员结构上划分为企业家的行

为、企业模范人物的行为和员工的行为等。

② 企业人际关系分为对内关系与对外关系两部分。对外关系主要指企业经营面对不同的社会阶层、市场环境、国家机关、文化传播机构、主管部门、消费者、经销者、股东、金融机构、同行竞争者等方面所形成的关系。对内关系主要指基于发展阶段和内在条件的分析，企业资产所有者、董事会、经营管理班子，与不同类型员工、不同组织结构的子分公司、不同职能定位的各个部门之间，所形成的权、责、利划分，以及既竞争又合作的关系。

③ 企业公关策划及其规范。

④ 服务行为规范，是企业在为顾客提供服务过程中形成的行为规范，是企业服务工作质量的重要保证。

(3) 企业文化的制度层面

企业文化的制度层面主要包括企业领导体制、企业组织机构和企业管理制度三个方面。企业制度文化是企业为实现自身目标对员工的行为给予一定限制的文化。它具有共性和强有力的行为规范要求。它规范着企业的每一个人。企业工艺操作流程、厂纪厂规、经济责任制、考核奖惩等都是企业制度文化的内容，主要表现在以下三个方面。

① 企业领导体制是企业领导方式、领导结构、领导制度的总称。

② 企业组织结构是企业为有效实现企业目标而筹划建立的企业内部各组成部分及其关系。企业组织结构的选择与企业文化的导向相匹配。

③ 管理制度是企业为求得最大利益，在生产管理实践活动中制定的各种带有强制性义务并能保障一定权利的各项规定或条例，包括企业的人事制度、生产管理制度、民主管理制度等一切规章制度。

(4) 企业文化的精神层面

企业文化的精神层面，即企业精神文化，是指企业在生产经营过程中，受一定的社会文化背景、意识形态影响而长期形成的一种精神成果和文化观念，包括企业精神、企业哲学、企业价值观、企业经营理念、企业伦理准则等，是企业意识形态的总和。相对于企业物质文化和行为文化来说，企业精神文化是一种更深层次的文化，在整个企业文化系统中，处于核心的地位。企业文化精神层面的具体内容如图5-2所示。

| | |
|---|---|
| 企业精神 | 是企业全体或多数员工共同的彼此共鸣的内心态度、意志状况和思想境界 |
| 企业哲学 | 是企业在经营管理过程中提升的世界观和方法论，是企业在处理人与人、人与物关系上形成的意识形态和文化现象 |

图 5-2

| 企业价值观 | 是企业在追求经营成功过程中所推崇的基本信念和奉行的目标，是企业全体或多数员工一致赞同的关于企业意义的终极判断 |

| 企业经营理念 | 主要指企业的生存价值、社会责任、经营目的、经营方针、经营战略和经营思想 |

| 企业伦理准则 | 是有关忠实和公正，以及有关诸如社会期望、公平竞争、广告、公共关系、社会责任、消费者的自主权和在国内外原公司行为等多方面的行为准则 |

图 5-2　企业文化精神层面的具体内容

## 5.1.2　制度文化的三个维度

制度文化主要包括企业领导体制、企业组织机构和企业管理制度三个方面。

（1）企业领导体制

企业领导体制是企业领导方式、领导结构和领导制度的总称。其中主要是领导制度。受生产力和企业文化的双重制约，企业会产生与之相适应的领导体制。不同历史时期的企业领导体制，反映着不同的企业文化。

在企业制度文化中，领导体制影响着企业组织结构的设置，制约着企业管理的各个方面。所以，企业领导体制是企业制度文化的核心内容。卓越的企业家就应当善于建立统一协调的企业制度文化，特别是统一协调的企业领导体制。

（2）企业组织机构

企业组织机构是指企业为了有效实现企业目标而筹划建立的企业内部各组成部分及其关系。组织机构是否适应企业生产经营管理的要求，对企业的生存和发展有很大的影响。不同的企业文化，有着不同的组织机构。

影响企业组织机构的不仅是企业制度文化中的领导体制，还有企业文化中的企业环境、企业目标、企业生产技术及企业员工的思想文化素质等重要因素。

（3）企业管理制度

企业管理制度是企业为求得最大效益，在生产管理实践活动中制定的各种带有强制性义务并能保障一定权利的各项规定或条例，包括企业的人事制度、生产管理制度、民主管理制度等一切规章制度。

企业管理制度是实现企业目标的有力措施和手段。作为职工行为规范的模式，它能使职工个人的活动得以合理进行，同时又成为维护职工共同利益的一种强制手段。

### 5.1.3 企业文化发挥五项功能

企业文化能够营造良好的企业环境，提高员工的文化素养和道德水准，对内形成凝聚力、向心力和约束力，对外形成企业发展不可或缺的精神力量和道德规范，从而使企业资源得到合理的配置，提高企业的竞争力。

简单来说，企业文化最基本的三项功能如下。

① 对外求发展。自从20世纪80年代我国企业开始注重企业形象以来，企业从形象中获取了利益，从品牌中赚到了金钱，所以追求企业形象已成共识。

② 对内求团结。即增进员工凝聚力的教化功能，可以说，盘活企业首先要盘活人，有了员工的凝聚力也就有了整合力。

③ 全员鼓动推进。即培养忠诚员工的激励功能，换句话说，企业培养员工是为了让员工在企业中找到自己的位置。

具体而言，企业文化的重要功能主要体现在五个方面，如图5-3所示。

| 功能 | 说明 |
|---|---|
| 凝聚功能 | 企业文化的凝聚力来自企业根本目标的正确选择。如果企业的目标既符合企业的利益，又符合绝大多数员工个人的利益，即是一个集体与个人双赢的目标，那么企业凝聚力产生的利益基础就具备了 |
| 吸引功能 | 优秀的企业文化，不仅对员工具有很强大的吸引力，还对合作伙伴如客户、供应商、消费者以及社会大众都有很强大的吸引力。优秀的企业文化对稳定人才和吸引人才起着很大的作用 |
| 导向功能 | 企业核心价值观与企业精神，发挥着无形的导向功能，能够为企业和员工提供方向和方法，让员工自发地去遵从，从而把企业愿景与个人的意愿统一起来，促使企业发展壮大 |
| 激励功能 | 企业文化所形成的文化氛围和价值导向是一种精神激励，能够调动与激发职工的积极性、主动性和创造性，把员工的潜在智慧诱发出来，使员工的能力得到全面发展，增强企业的整体执行力 |
| 约束功能 | 当企业文化上升到一定高度的时候，这种规范就会产生无形的约束力。它让员工明白自己的行为是否正确，并通过软约束来提高员工的自觉性、积极性、主动性和自我约束，提高员工的责任感和使命感 |

图5-3 企业文化的五项重要功能

### 5.1.4 企业文化推行遵循四项原则

企业文化是企业及其员工在从事商品生产和商品经营时同社会交往中所逐渐形成的专属企业的理想信念、价值取向、行事方式以及道德准则等。

在企业文化推行的过程中，需要遵循以下四项原则，具体如图5-4所示。

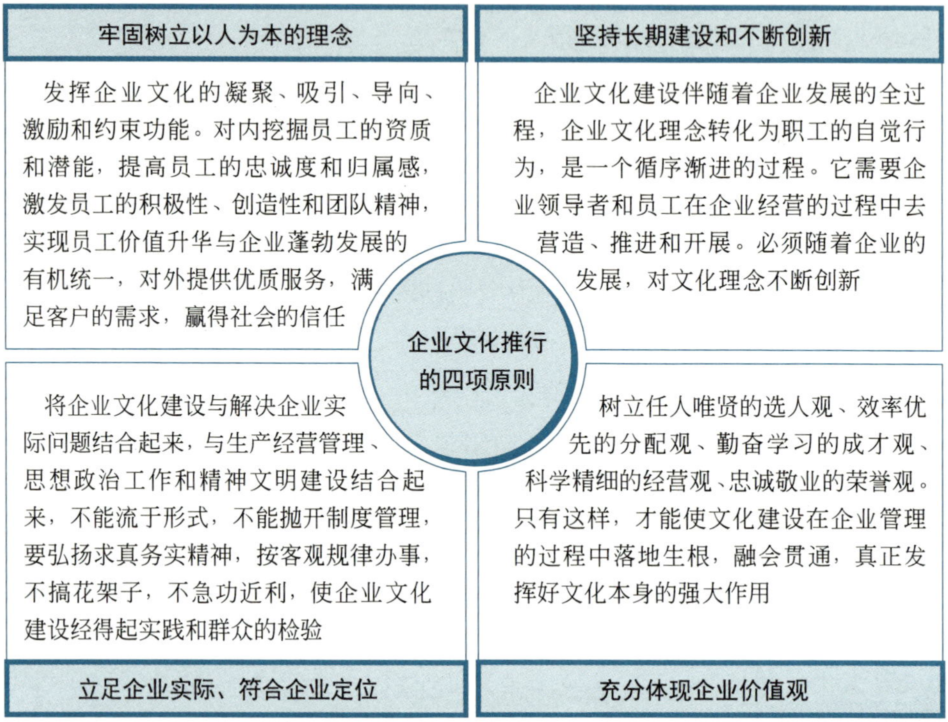

| 牢固树立以人为本的理念 | 坚持长期建设和不断创新 |
|---|---|
| 发挥企业文化的凝聚、吸引、导向、激励和约束功能。对内挖掘员工的资质和潜能，提高员工的忠诚度和归属感，激发员工的积极性、创造性和团队精神，实现员工价值升华与企业蓬勃发展的有机统一，对外提供优质服务，满足客户的需求，赢得社会的信任 | 企业文化建设伴随着企业发展的全过程，企业文化理念转化为职工的自觉行为，是一个循序渐进的过程。它需要企业领导者和员工在企业经营的过程中去营造、推进和开展。必须随着企业的发展，对文化理念不断创新 |
| 将企业文化建设与解决企业实际问题结合起来，与生产经营管理、思想政治工作和精神文明建设结合起来，不能流于形式，不能抛开制度管理，要弘扬求真务实精神，按客观规律办事，不搞花架子，不急功近利，使企业文化建设经得起实践和群众的检验 | 树立任人唯贤的选人观、效率优先的分配观、勤奋学习的成才观、科学精细的经营观、忠诚敬业的荣誉观。只有这样，才能使文化建设在企业管理的过程中落地生根，融会贯通，真正发挥好文化本身的强大作用 |
| **立足企业实际、符合企业定位** | **充分体现企业价值观** |

（中心：企业文化推行的四项原则）

图 5-4 企业文化推行的四项原则

## 5.2 企业文化管理责任与制度范例

目前，大多数中央企业和民营企业并未设立独立的企业文化部。有的中央企业对企业文化实行党群部门负责制，即企业文化工作由党委牵头，具体落实部门设立在党群口，或者由宣传、办公厅（室）等相关部门的人员兼职完成。

有的中央企业名义上设立了企业文化部，但大多挂靠在党群工作部或宣传部门下。实际上是两块牌子,一套人马,部门既负责党的建设和思想政治工作,又担当企业文化建设的职责。有的中央企业建立了董事会主导、党委协调推进、经理层组织实施、职能部门分工落实的企业文化建设组织领导模式,形成职责清晰、分工明确、相互促进、系统联运、全员参与、整体推进的工作体系。

有的民营企业把人力资源部、综合管理部或者经营管理部、品牌建设部、战略发展部等作为企业文化建设的归口管理部门,但是往往存在职责不清、分工不明、奖罚制度缺失等问题。

## 5.2.1 企业文化推行部门的责任与分工

企业文化的建设与推行是一项系统化和长期性的工作。就一般企业而言,应该设立企业文化建设的管理部门,如果仅仅是规定由哪个部门负责,企业文化建设的责任与分工也必须明确下来。在企业文化的推行过程中,各部门应根据自己的实际工作状况承担相应的企业文化推行责任,并明确分工与协同,具体如表5-1所示。

表 5-1 企业文化推行部门的责任与分工

| 部门名称 | 责任与分工 |
| --- | --- |
| 企业文化部/经理工作部/总裁办 | ① 加强对企业文化基本理念的宣传和理解,牢固树立诚信、责任、创新、风险的核心价值观,并进行企业文化制度建设等主要工作<br>② 建立、健全工作规划,议事、决策程序,会议、公务活动及信访、档案管理等方面的规章制度,加强对规章制度执行情况的监督检查,推进企业文化建设工程的顺利实施<br>③ 履行企业法律事务等工作 |
| 企划部 | 按照企业发展和计划管理方面的制度,制定企业相关的内控制度,对企业投资、项目前期工作进行综合计划规范管理,协同推进企业文化建设 |
| 人力资源部 | ① 模式一:规范企业薪酬、劳动用工、教育培训等各项管理业务流程,加强对人力资源关键业务环节的管理监控,协同推进企业文化建设<br>② 模式二:也有不少企业直接把企业文化建设工作划归人力资源部全面负责 |
| 行政部 | ① 主要负责行政办公、日常接待、印章证照、文件档案、会议事务、财产物资、行政费用管理等工作<br>② 协同推进企业文化建设 |
| 财务资产部 | 建立、健全财务领域的各项规章制度,规范货币资金管理、预算管理、投资管理、应收及预付款项管理、存货管理及资产管理等业务流程,不断提高财务管理水平和工作质量 |

续表

| 部门名称 | 责任与分工 |
|---|---|
| 安全监察部 | 建立、健全安全监察和应急管理方面的监管制度,加强生产、基建监督管理和内部控制;对安全事故的调查、分析和处理等工作进行规范管理,对制度的执行情况进行监督,协同推进企业安全文化建设 |
| 生产技术部 | 建立、健全技术改进和设备改造监管制度,建立、健全企业各专业管理的标准、规程、制度和办法,对制度的执行情况进行监督,协同推进企业文化建设 |
| 营销部 | 建立、健全基本建设安全和生产质量管理制度,进一步完善以项目法人责任制为基础的工程建设分级管理体系,对企业工程建设进行规范管理,对制度执行情况进行监督,协同推进企业文化建设 |
| 工会 | ① 强化和牢固树立诚信、责任、创新、风险的核心价值观,努力加强对企业文化基本理念的宣传和理解<br>② 建立、健全企务公开和民主管理制度,规范工会相关工作业务流程,监督检查职工权益的法律、法规执行情况,保障权利的民主化和公开化,推进企业文化发展 |

## 5.2.2 企业文化推行岗位的责任与分工

企业文化推行岗位的具体职责与分工,如表5-2所示。

表5-2 企业文化推行岗位的责任与分工

| 岗位名称 | 责任与分工 | 直接上级 |
|---|---|---|
| 经理 | ① 负责制定企业文化中的长期推行计划<br>② 定期组织开展推行分析和调研工作,及时掌握同行的推行动态,并为企业决策层提供切实可行的方案<br>③ 负责做好部门内部的管理工作,不断完善工作流程和工作制度,带头和督促完成各项工作任务<br>④ 做好员工的激励和考核工作,尽量发挥每个员工的最大潜能。通过定期开展分析和总结,提高员工的工作热情和工作能力。通过开展绩效考核提高员工的工作效率<br>⑤ 负责部门内部工作的协调和外部工作的接洽,所有工作实行"工作交接单"制,对部门工作实行流程化管理 | 总经理、主管企业文化建设的副总经理 |

续表

| 岗位名称 | 责任与分工 | 直接上级 |
|---|---|---|
| 经理 | ⑥ 负责对外媒体联络和公关，建立和维护良好的媒体关系，在新闻和广告两方面与媒体加强合作，及时掌握媒体动态，了解媒体信息<br>⑦ 充分发挥集体智慧和创新思维，通过开展头脑风暴法等方式，拓宽推行思路，指导开展各类广告设计和新闻、营销策划，力求不断推陈出新 | 总经理、主管企业文化建设的副总经理 |
| 文案 | ① 负责起草各种企业文化推行活动的提案<br>② 负责新闻稿件及各种软文稿件的撰写与组织<br>③ 负责撰写电视广告、报纸广告、网络广告及其他形式广告的文案内容，并协助和指导设计人员进行设计<br>④ 负责丰富、组织开展企业文化活动<br>⑤ 负责制定和完善企业文化推行策划和具体实施方案，并协助部门经理完成内部各部门的协调开展，以及其他机构的开拓、联络、协调等工作<br>⑥ 及时搜集、整理市场信息，了解同行的动态，并提出相应的应对措施<br>⑦ 加强与下属的沟通和联系，一方面做好推行保障工作，另一方面不断挖掘新闻素材和推行新亮点 | 经理 |
| 设计 | ① 负责企业 VI（视觉）系统的设计<br>② 负责配合广告公司进行电视广告的创意和制作<br>③ 负责报纸广告、推行页版面的创意、设计、排版<br>④ 负责设计企业及下属单位的各种推行牌、指示牌、员工胸牌、活动 POP 牌等<br>⑤ 对企业及下属单位的内外部推行设计提出建设性意见，并定期以书面形式提交企业领导<br>⑥ 负责企业各种推行素材的摄影、摄像、制作<br>⑦ 定期修改或更换报纸广告版面和电视广告形式，分析同行的设计版式，不断推陈出新<br>⑧ 配合网络公司做好网络媒体的维护和推广 | 经理 |
| 专员 | ① 负责对内和对其他部门的推广对接，对外媒体联系和公关，与各媒体单位和广告公司建立良好的合作关系，协助企业领导及部门经理做好联系<br>② 负责对推行过程中出现的各种问题做出及时的反应并提出处理意见<br>③ 做好推行信息的统计和整理，定期提出书面分析报告，对企业文化的推行计划提出参考性意见<br>④ 负责联系各种推行画、标牌、布标、礼品、推行单等推行品的制作和印刷单位<br>⑤ 配合部门经理做好对内和对外的联络工作 | 经理 |

### 5.2.3　制度范例：企业文化建设管理规定

表5-3是企业文化建设管理规定范例的调整和优化版，供读者参考。

表5-3　企业文化建设管理规定范例

| 章节 | 内容 |
|---|---|
| 第1章<br>总则 | 第1条 为进一步加强××集团公司（以下简称"集团公司"）企业文化建设，增强企业凝聚力，为集团公司总体发展思路落地实施提供支撑和保障，促进集团公司高质量发展，特制定本制度。<br>第2条 集团公司企业文化建设应坚定文化自信，加强文化建设，推进文化强企，以营造良好氛围，打造企业核心竞争力，努力建设具有推动力、影响力和凝聚力的集团企业文化为目标，以满足广大员工精神文化需求为落脚点，为建设世界一流企业提供强大的思想基础和精神动力<br>第3条 集团公司企业文化建设遵循系统性，继承与创新相结合，遵循围绕中心、服务大局，以人为本、全员参与，突出共性、发展个性的原则，重点开展企业文化识别工程、传播工程、落地工程、评价工程等企业文化建设四大工程<br>第4条 集团公司企业文化建设在集团公司党委的领导下，在企业文化建设与宣传思想（外宣）工作领导小组的直接指导下开展工作。领导小组下设办公室，办公室设在企业文化部 |
| 第2章<br>适用与基本原则 | 第5条 本制度适用于集团公司总部及所属各二级企业<br>第6条 集团公司企业文化建设管理遵循以下原则<br>① 系统性原则。集团公司企业文化建设是一个科学完整的系统工程。集团各部门及所属各二级企业要尊重企业文化建设的内在规律，牢固树立全局意识，密切配合，相互协调，系统推进<br>② 继承与创新相结合的原则。集团公司企业文化建设既要继承优秀传统文化基因，又要与时俱进，在实践中丰富企业文化建设的内容和载体，使集团公司企业文化始终充满生机与活力<br>③ 围绕中心、服务大局的原则。要把企业文化建设同企业改革发展中心任务紧密结合，发挥企业文化对企业发展战略的支撑和保障作用，推进集团公司改革发展各项目标任务的完成<br>④ 以人为本、全员参与的原则。员工是企业文化建设的主体力量，要集中员工智慧，通过员工的生动实践推进企业文化建设，把核心文化理念变为每一位员工的行为准则和自觉行动<br>⑤ 突出共性、发展个性的原则。在统一集团公司企业文化核心理念的前提下，所属各二级企业可根据自身情况补充、细化和丰富企业文化，增强个性和特色 |
| 第3章<br>职责与分工 | 第7条 集团公司企业文化部是集团企业文化建设的归口管理部门，承担企业文化建设与宣传思想（外宣）工作领导小组办公室的工作职责<br>① 负责集团公司企业文化建设，编制、修订集团公司企业文化建设总体规划并组织实施<br>② 推动集团公司企业文化落地，指导、推进所属各二级企业的企业文化建设以及规划制定、落实和宣传 |

续表

| 章节 | 内容 |
|---|---|
| 第3章 职责与分工 | ③ 负责起草集团公司企业文化建设的基本工作制度、年度工作计划、年度工作总结、工作方案等<br>④ 负责制定集团公司企业文化建设考核评价办法，推动并参与所属各二级企业的企业文化建设考核评价工作<br>⑤ 负责集团公司企业文化手册等企业文化材料和宣传册的组稿、制作、设计、发行，并组织对集团公司企业文化建设成果进行宣传和推广<br>⑥ 负责集团公司的品牌建设和视觉形象识别系统（VI）建设<br>⑦ 负责集团公司企业文化建设专项工作的开展及相关活动的策划、协调、组织和推动，并做好相关文件材料和工作素材的整理、备档和统计<br>⑧ 负责组织、协调、推动集团公司企业文化培训、理念宣贯推广、宣传载体建设等工作<br>⑨ 承办领导小组交办的其他工作<br>第8条 集团公司总部各部门、所属各二级企业是企业文化建设的主体。总部各部门要做集团公司企业文化建设的推进者、践行者、示范者，在本部门和本系统推进、践行、宣传企业文化，并发挥总部部门的示范引领作用。所属各二级企业要做企业文化建设的实践者、传播者、创新者，在本企业落地实施企业文化，充分调动和发挥每位员工传播、实践企业文化的积极性、主动性和创造性，深度挖掘基层文化建设经验，创新企业文化建设<br>其主要职责如下<br>① 贯彻落实集团公司党委关于企业文化建设的决策部署，并组织推进<br>② 遵循集团公司企业文化建设原则，并贯彻落实到具体工作中<br>③ 组织宣贯集团公司的企业文化手册。所属各二级企业组织编印本企业的企业文化手册并进行宣贯，同时报送集团公司备案<br>④ 按照集团公司企业文化建设指导手册，组织在本部门、本企业贯彻落实<br>⑤ 按照集团公司企业文化建设规划和管理制度，所属各二级企业制定本企业的企业文化建设实施规划、计划和制度并组织实施<br>⑥ 按照集团公司企业文化年度工作计划，制定本部门、本企业年度企业文化建设工作计划并组织实施<br>⑦ 组织实施企业文化识别工程、传播工程、落地工程和评价工程<br>⑧ 结合本部门、本企业的实际创新开展企业文化建设相关工作 |
| 第4章 具体管理内容 | 第9条 实施企业文化识别工程<br>① 构建理念识别。确立集团公司企业使命、愿景、核心价值观、精神、工作作风和企业形象等企业文化核心理念。所属各二级企业要将集团公司的核心价值观、企业精神、工作作风作为本企业的核心理念，充分发挥集团文化凝聚人心、鼓舞士气、促进认同、形成习惯的作用<br>② 构建视觉识别。集团公司实行单一品牌战略，建设科技创新型企业品牌形象。总部各部门、所属各二级企业要树立统一品牌意识，以突出品牌为重点，采用统一规范的集团视觉形象<br>③ 构建听觉识别。制作集团公司企业文化司歌，使企业员工在听到或传唱时，加深对企业文化的理解和认同，形成文化指引和精神导向的标杆，引领员工遵循企业文化，并为之身体力行 |

续表

| 章节 | 内容 |
|---|---|
| 第4章 具体管理内容 | ④ 构建行为识别。规范员工行为，督促员工遵守集团公司行为准则等规章制度，自觉维护国家利益和企业利益。推进企业伦理道德建设，落实社会责任准则，推进社会责任管理，建设和谐企业<br><br>第10条 实施企业文化传播工程<br>① 开展企业文化宣传。构建企业文化传播平台，组织开展企业文化宣传工作，宣传建设和弘扬集团公司企业文化的重要意义、基本内涵，认同和遵循集团公司企业使命、愿景、核心价值观、企业精神、工作作风和企业形象。宣传先进典型，营造良好氛围，引导广大员工自觉实践企业文化<br>② 开展企业文化培训。把企业文化培训工作纳入企业培训体系，对各级领导干部、员工、企业文化建设管理人员开展企业文化培训<br>③ 开展企业文化活动。组织开展企业文化主题活动，开展群众性精神文明创建活动。组织开展丰富多彩的员工文化体育活动，不断满足广大员工日益增长的精神文化需求<br>④ 开展品牌传播。推进企业文化环境建设，在办公、会议、生产经营和项目部等场所，弘扬集团公司企业文化，营造良好的文化氛围。加强品牌传播，在企业与政府、利益相关方、社会公众间建立价值认同基础上的信任关系，为集团公司发展构建良好的外部环境<br><br>第11条 实施企业文化落地工程<br>① 推进执行力建设。各级领导干部带头学习、宣讲、践行集团公司企业文化。用企业文化武装人、凝聚人、鼓舞人、塑造人，建设一支政治素质良好的领导班子队伍、专业素质强的管理者队伍、文明素质高的员工队伍，提升执行力、创新力和战斗力<br>② 推进激励体系建设。把对集团公司企业文化的认可度和践行情况作为干部选拔使用、人才招聘、薪酬管理和评选各类先进典型的标准之一；把建设和弘扬企业文化落实情况作为各级领导干部业绩考核的内容<br>③ 推进制度建设。把集团公司企业文化融入企业标准和规章制度建设全过程，贯彻执行集团公司管理标准、技术标准和工作标准；及时清理、修订不符合集团公司企业文化要求的规章制度<br>④ 落实集团文化建设规划。围绕集团文化建设规划主要内容，推进企业文化建设和管理，抓好规划落地落实，确保集团公司企业文化融入改革发展全过程，渗透到经营管理的各个环节<br><br>第12条 实施企业文化评价工程<br>① 开展企业文化建设考核评价。根据集团公司企业文化建设考核评价办法，开展企业文化建设考核评价工作，及时发现问题，抓好整改落实<br>② 开展企业文化建设和管理评选表彰。按年度做好企业文化建设工作优秀单位的评选工作 |

续表

| 章节 | 内容 |
|---|---|
| 第5章<br>管理<br>措施 | 第13条 实行企业文化建设规划和工作计划管理<br>所属各二级企业落实集团公司企业文化建设规划和工作计划，编制企业文化建设规划、阶段性工作实施意见和专项方案，并报送集团公司备案后执行<br>第14条 开展企业文化建设工作督导与检查<br>严格实行规范管理，抓好集团公司企业文化建设督导检查工作。按照集团公司企业文化建设工作要求，综合运用各种方式，对各部门、所属各二级企业的企业文化建设工作情况进行督导检查。所属各二级企业落实集团公司企业文化建设工作要求，对所属单位工作情况进行督导检查<br>第15条 实行企业文化建设重大事项通报<br>所属各二级企业组织大型企业文化活动，编印企业文化论文集、案例集、画册和教材，参加企业文化会议、研讨交流及评奖活动等，通报集团公司后执行<br>第16条 报送企业文化建设工作信息<br>所属各二级企业按照集团公司要求，及时报送企业文化建设工作信息，做好企业文化建设信息交流工作 |
| 第6章<br>考核与<br>奖惩 | 第17条 企业文化建设年度考核评价坚持客观公正原则、企业自评与集团检查相结合的原则、定量与定性相结合的原则<br>第18条 企业文化建设年度考核评价从企业文化建设工作评价体系、建设状况评价体系、建设效果评价体系三个方面进行<br>第19条 集团公司将所属各二级企业的企业文化考核评价结果纳入年度党建考核体系中，同时对考核评价结果进行通报<br>第20条 集团公司对违反企业文化建设管理要求的单位和个人予以通报批评，并视情况追究相关责任 |
| 第7章<br>附则 | 第21条 本制度由集团公司企业文化部负责解释并监督执行<br>第22条 所属各二级企业可根据业务特点，依据本制度制定实施意见，报送集团公司备案后执行<br>第23条 本制度自印发会签之日起实施 |
| 起草人 | | 审核人 | | 审批人 | |

## 5.3 企业文化活动策划与执行

不定期地举办年度企业文化各项活动，定期举办年会，并进行企业文化活动总结，是完善企业文化管理保障体系的重要载体。

## 5.3.1　方案范例：企业年度文化活动计划

表5-4是企业年度文化活动计划范例的调整和优化版，供读者参考。

**表5-4　企业年度文化活动计划范例**

| 项目类别 | 内容 |||||
|---|---|---|---|---|---|
| 活动目的 | 企业文化活动的精髓在于宣扬企业的经营理念，塑造企业精神，提高员工的积极性和归属感，提升企业的凝聚力和竞争力。企业文化部通过对员工进行企业文化活动的意见建议调查，提交企业高层讨论后，编制此_____年度企业文化活动计划 |||||
| 活动目标 | ① 推广企业理念和价值观，逐渐发挥企业文化的作用<br>② 营造乐观向上的企业氛围，提供良好的工作环境<br>③ 培养团队合作精神，增强员工归属感和使命感，提高企业的凝聚力<br>④ 依靠企业文化，激发员工的热情和创造力，增强企业竞争力 |||||
| 活动安排 | _____年度企业文化活动安排如下表所示 |||||
| | **_____年度企业文化活动安排表** |||||
| | 企业文化活动 | 时间 | 活动负责人 | 活动参与人 | 活动地点 | 预算 |
| | 员工生日祝福 | 1月1日～12月31日 | | | | |
| | 春节娱乐活动 | 1月1日～1月5日 | | | | |
| | 春季羽毛球比赛 | 3月10日～3月15日 | | | | |
| | 知识竞赛月 | 4月1日～4月29日 | | | | |
| | 庆五一大典 | 4月29日～5月4日 | | | | |
| | 卡拉OK大赛 | 6月15日～6月30日 | | | | |
| | 年度旅游 | 8月15日～8月20日 | | | | |
| | 中秋、国庆活动 | 9月28日～10月1日 | | | | |
| | 技能大赛月 | 10月25日～11月25日 | | | | |
| | 年会活动 | 12月29日～12月31日 | | | | |
| | 备注 | 以上活动根据活动开展时间提交具体的活动主题与实施方案 |||||
| 活动总预算 | _____年全年企业文化活动费用预算共计_____元。确保专款专用，厉行节约，反对浪费 |||||
| 起草人 | | 审核人 | | 审批人 | |

## 5.3.2 方案范例：年会活动策划方案

表5-5是年会活动策划方案范例的调整和优化版，供读者参考。

表5-5　年会活动策划方案范例

| 项目类别 | 内容 |
|---|---|
| 年会活动策划基础 | 1.活动目的<br>① 增强公司员工的内部凝聚力，加深员工对公司的感情，增进员工之间的沟通、交流和团队协作意识，提升公司的综合竞争优势<br>② 对_____年公司的各项工作进行总结分析，并制定_____年公司运营工作总体规划，明确新年度的工作方向和目标<br>③ 表彰和奖励为公司各项工作的发展做出贡献的员工、团队，通过激励作用，调动全体员工的主观能动性，争取新年度所有员工在工作中都有出色表现<br>2.年会主题<br>本次年会的主题是：_____<br>3.年会时间、地点<br>① 活动时间：本次年会的时间预计为_____年_____月_____日_____点至_____点<br>② 活动地点：本次年会的活动地点为_____<br>4.年会对象、人数<br>本次年会的活动对象为公司全体员工，人数为_____至_____人<br>5.年会组织形式<br>本次年会由公司年会工作项目小组统一组织、执行 |
| 年会活动预算 | 6.年会活动费用预算<br>本次年会活动费用预算具体如下表所示<br> _____年度年会费用预算表 <br><table><tr><th>项目</th><th>基本内容</th><th>责任人</th><th>预算费用</th></tr><tr><td>年会场地</td><td>租金、晚宴</td><td>×××</td><td>____元</td></tr><tr><td>会场布置</td><td>签名板、背景墙、鲜花等</td><td>×××</td><td>____元</td></tr><tr><td>服装、游戏道具</td><td>会演节目服装、迎宾和主持人服装、小游戏道具、妆容造型等</td><td>×××</td><td>____元</td></tr><tr><td>酒水、饮料</td><td>文艺会演过程中所需的酒水、饮料</td><td>×××</td><td>____元</td></tr><tr><td>年会礼品、奖品</td><td>参会人员礼品、抽奖奖品等</td><td>×××</td><td>____元</td></tr><tr><td>其他支出</td><td>备用</td><td>×××</td><td>____元</td></tr><tr><td colspan="3">费用合计</td><td>____元</td></tr></table> |
| 年会活动流程 | 7.年会活动流程计划<br>（1）会前安排<br>① 在进入会场前，按部门拍摄集体照，由企业文化部负责组织<br>② 会前30分钟，所有参会人员（包括工作人员和公司员工）须到会场指定的位置就座 |

续表

| 项目类别 | 内容 |
|---|---|
| 年会活动流程 | ③ 会场内播放司歌，以烘托会场气氛，迎接参加会议的公司员工进场<br>④ 会前15分钟，主持人宣读年会纪律<br>（2）会中安排<br>① 主持人宣布年会开始<br>② 播放公司发展历程的剪辑<br>③ 进行工作总结暨表彰，包括公司领导对年度优秀团队和优秀员工进行表彰并颁奖、优秀员工代表讲话、优秀团队代表讲话、总经理做年度工作总结和新年工作部署等多项内容<br>（3）文艺活动<br>① 节目形式不限，单人或团组表演均可。具体的节目编排由企业文化部负责<br>② 所有节目均需提前彩排，经过企业文化部审查合格后方可在年会上表演<br>③ 节目单由企业文化部制作<br>（4）抽奖<br>抽奖方式为按照工号随机抽取，共设立三个奖项。抽奖嘉宾由总经理、副总经理、部门经理担任，进行现场抽奖<br>① 一等奖两名，奖品价值＿＿＿＿＿元<br>② 二等奖五名，奖品价值＿＿＿＿＿元<br>③ 三等奖十名，奖品价值＿＿＿＿＿元<br>（5）会餐<br>会餐时间安排在＿＿＿＿＿点至＿＿＿＿＿点，会餐期间穿插文艺活动及抽奖环节<br>（6）年会结束<br>① ＿＿＿＿＿点主持人宣布年会结束<br>② 各部门安排本部门人员退场 |
| 年会筹备与应急预案 | 8.年会筹备工作<br>年会筹备工作如下表所示<br><br>＿＿＿＿＿年度年会筹备工作表<br><br>| 筹备工作 | | 工作内容 | 责任部门 |<br>|---|---|---|---|<br>| 第一阶段 | 年会前三周完成 | 整体年会策划，具体包括选定主持人、节目收集、年会初期宣传、回顾视频制作、年会相关文书撰写等工作 | 企业文化部 |<br>| | | 推荐主持人、节目报名 | 各部门 |<br>| 第二阶段 | 年会前一周完成 | 节目筛选、节目单制作、年会宣传、奖品购买、酒店预订、邀请领导 | 企业文化部 |<br>| | | 节目排演、年会动员等 | 各部门 |<br>| 第三阶段 | 年会前一天全部完成，全部到位 | 节目带妆实地彩排、酒店确认、会场布置、会场安保安排、证书制作、费用核算和预支等工作 | 企业文化部 |<br>| | | 安排集体照事宜 | 企业文化部 |<br>| | | 年会程序传达、组织参会等 | 各部门 | |

续表

| 项目类别 | 内容 |
|---|---|
| 年会筹备与应急预案 | 9. 应急预案<br>（1）节目演出<br>① 上一个节目在演出时，其后的两个节目在后台准备，当前一个节目由于各种原因无法按时演出时，下一个节目要及时跟进<br>② 在节目演出过程中发生失误或当节目无法顺利进行时，由主持人及节目负责人迅速组织演员重演节目。若重演仍出现问题，则该节目表演者应立即退场，视具体情况决定是否再次重演<br>（2）会场安全<br>当会场出现混乱局面时，企业文化部应立即启动应急预案，由保安组负责稳定员工情绪及疏散人群 |
| 年会后续工作 | 10. 年会后续工作<br>（1）清场<br>年会结束后，由企业文化部负责清场工作<br>（2）总结<br>由企业文化部负责年会现场照片和影像制品的制作，在公司网站上发布新闻，撰写年会总结报告等 |
| 注意事项 | 11. 其他注意事项<br>（1）负责部门：企业文化部<br>① 应按时完成本次工作任务，确保本次活动高质量地完成<br>② 重视成本控制，杜绝浪费<br>③ 管理好公司的财物，避免公司财物丢失和损坏<br>④ 须注意活动筹备和进行过程中的安全问题，避免出现事故<br>（2）各协同、参与部门<br>各部门及所有人员应重视年会活动，并严格按照要求落实好工作 |
| 起草人 | 审核人　　　　　　　　审批人 |

# 第6章
# 通过沟通机制畅通企业文化

# 第6章 通过沟通机制畅通企业文化

多层次、多角度、多方面的良好沟通,是做好企业文化工作的基本方法。企业文化工作,是要在经营性、制度性和管理性渠道之外,建立更多各种各样有效的企业内部沟通的渠道和载体,使企业员工达成精神层面的充分交流,能把心里话和内心情感尽量多地表达出来。相互了解多了,就能调整好自己的位置,调整好行为和心态,员工与员工、员工与公司之间也自然会产生感情。

可见,对于一名优秀的企业文化建设者和践行者来说,最重要的事情之一就是要不断通过正式或非正式的沟通,传达企业的价值与理想。通过沟通建立共识,塑造新的企业文化。与员工沟通、提倡企业文化的首要方式是言传,即通过言谈及文字阐释公司的核心价值观。

颜建军、胡泳所著的《海尔中国造》中谈到,在海尔,"海尔精神"和"海尔作风"等理念性口号会出现在各种地方——在公司的生产和销售现场,在对参观者的经验介绍中,在张瑞敏对中层干部的讲话里,在他与媒体的交谈过程中……

然而,最值得一提的是,这些关键词汇会出现在海尔员工随身携带的钱夹般大小的小册子中。小册子有20余页,内容简练而清晰,远比咨询顾问撰写的冗长报告更能体现公司的竞争战略和经营方式。

比尔·波拉德说过,领导应该经常问自己,当我领导别人时,我也准备为他们服务吗?当我启发别人时,我聆听他们了吗?当我教育别人时,我有没有学习?当我期待别人跟随时,我有没有投入?当我期待优异的表现时,我有没有从平凡开始?当我期待利润时,我有没有帮助别人发展?

优秀的领导人是不知疲倦的宣讲者。他们自我沟通,进行大量的交流工作,注重相关的每个班组、每位员工。这是卓有成效的领导过程的一个主要部分。企业文化部门更要通过建立正式与非正式的沟通机制畅通企业文化。

## 6.1 组织沟通机制框架

企业文化的建设、传播和保障都离不开正式的沟通机制,以及非正式的沟通渠道。只有快速、信息不失真的沟通才是有效的。确保企业文化畅通的正式沟通机制框架如表6-1所示。

表 6-1 畅通企业文化的正式沟通机制框架

| 组织沟通框架 | | 高效沟通 | | 无缝沟通 | | 团队会议沟通 | |
|---|---|---|---|---|---|---|---|
| 自上而下 | 自下而上 | 体恤型 | 六个步骤 | 五个维度 | 八种态度 | 高效会议 | 八大角色 |
| 横向沟通 | 工作标准 | 探索型 | 十大障碍 | 价值观 | 沟通风格 | 年度计划 | 会议管理 |
| 外部沟通 | 全方位 | 建议型 | 有效率 | 心理防御 | 心理契约 | 日常例会 | 年终会议 |
| | 立体化 | 批判型 | 有效果 | 打破冲击 | 构建重建 | 制度范例 | 正式沟通 |

## 6.1.1 自上而下与自下而上的沟通

### 6.1.1.1 自上而下沟通法

自上而下沟通法又叫作下行沟通法,是企业文化宣贯过程中经常用到的一种沟通方法,是指资讯的流动方向是由企业的高层管理者流向企业的低层管理者和基层员工。它可以使下级部门主管或团队成员及时了解企业文化需要呈现的内容,增强全体员工对企业的向心力和归属感。

需要注意的是,上级与下级之间是管理者与被管理者的关系。上级对下级进行企业文化信息传递和感情联络并纠正其在工作中的问题,这些无不与沟通相互联系,因此,对上级来说,掌握正确的沟通方法极为重要。

同时,因为在信息逐级向下传递的过程中,容易出现搁置、误解、失真、歪曲等现象。所以企业在进行自上而下沟通时也要注意一些细节问题,讲究沟通的技巧和方法。

(1)自上而下沟通的五项关注要点

自上而下沟通,根据沟通内容的不同可选择不同的沟通方法,但无论沟通内容如何,都要遵循逐级沟通、下级服从上级、不能越级报告的基本原则。

① 要充分尊重员工,维护员工尊严,尽量避免采用不当的语言、语气、语调以及其他肢体语言与员工进行沟通交流。

② 在沟通过程中要做到不攻击、不抱怨、不说教,充分运用各类客观数据和事实说话,增强语言的说服力。

③ 积极倾听员工的观点,准确理解员工所要表达的意思,并开诚布公地讲出个人的想法、看法。

④ 当个人持有情绪时不得与员工进行沟通,尤其不能单独做出重大决定,以免影响沟通效果及决定的客观性。

⑤ 应从大局出发,及时消除误会和隔阂,主动改善与员工之间的关系。

（2）自上而下沟通的形式选择

除了沟通的方法会影响沟通的效果之外，自上而下沟通时选择的形式也非常关键。通常可选择的沟通形式包括行政发文、制度、会议、面谈等几种。企业应根据沟通内容，结合沟通方法确定合适的沟通形式。同时，在上级与下级的沟通过程中，要注意倾听下级不同的意见，要对下级观点的可取之处予以赞扬，充分调动下级主动沟通的积极性。

（3）自上而下沟通的六大注意事项

除了根据沟通内容不同而选择不同的沟通方式之外，上级与下级在沟通时还必须知道并明确以下六点。

① 善于倾听不同意见。倾听是尊重对方的表现，在做决策时，上级要善于倾听或接纳下级的意见。一个合格的上级应该是一个共识的缔造者，而不是独裁者。

② 善于表扬下级的优点与长处。上级要善于发现下级的"闪光点"，并及时在适当场合给予由衷的表扬和赞誉。在表扬和鼓励下，下级会把事情做得更好。

③ 换位思考，避免对立。上级和下级对企业内外环境关心的侧重点不同，对企业发展使命、发展战略、管理特征、管理规范等认识也存在极大的差异。上级要想同下级良好沟通，就必须从下属的立场出发换位思考，找准问题的原因和下级的动机，以便对下级进行更有针对性的分析和引导，使下级较容易接受自己的观点，避免双方产生正面冲突。

④ 进行细节沟通。上级在同下级沟通时要恰当地运用细节，因为下级在同上级沟通时往往十分在意上级的细节动作，包括一个姿势、一个眼神、一个动作等。细节处理得不好，就会影响沟通的效果，甚至传递出负面的信息，导致误解。

⑤ 说话要留有余地。上级在与下级沟通时除了需要掌握恰当的方式外，还要注意说话要留有回旋的余地，以免让下级站在自己的对立面上。然而，留有余地并不等于放弃原则和无条件退让。遇到一些重大的原则问题，当双方观点分歧较大，情绪都比较激动或僵持不下时，最好应选择下一次沟通。

⑥ 保持适当的沟通距离。上级和下级要保持一定的沟通距离。在管理学上，这种距离叫作"沟通势差"。当上级和下级的距离拉大时，上级就必须拉近和下级的距离，否则就不会有人向其反馈意见；当上级和下级的距离较小时，上级应有意识地拉开和下级的距离，这样有利于领导树立权威并对工作进行全面的评价。

#### 6.1.1.2 自下而上沟通法

自下而上沟通法也叫作上行沟通法，主要是指企业员工或基层管理人员等处于企业较低层级的岗位，通过一定的渠道与上级岗位或管理决策层进行信息交流的方法。这是一种民主文化的体现。

### （1）用事实和数据提高说服力

当下级不理解企业文化宣贯的标准和要求，或者提出改进现有工作制度、程序的建议和推广新的提案时，与上级沟通前要做好充分准备，最好事先收集、整理好有关数据和资料，然后做成书面材料提交给领导，用事实和数据说话，提高观点的说服力。

### （2）选择合适的时机

与上级沟通，并不一定都要在办公室内进行，有时候，在餐厅、咖啡间或电梯等场所也可能解决大问题，只要符合工作原则和交流氛围即可。当然，下级要注意合适话题和适当时机的选择。

### （3）预测质疑、准备答案

对于下级提出的建议和设想，上级可能会提出种种质疑。如果下级毫无准备，吞吞吐吐、自相矛盾，那么建议被采纳的机会就会大大减少，同时也会给上级留下逻辑性差、思维不够缜密的印象。下级要充分预想上级可能质疑的地方，并一一准备答案，这样就可以胸有成竹地站在上级面前了。

### （4）突出重点，简明扼要

下级应先弄清楚上级最关心的问题，再想想自己最想解决的问题。在与上级交谈时，一定要先说重点，简单明了，不要东拉西扯，分散上级的注意力。

### （5）尊重上级的决定

无论下级的建议多么完美，也会有不周全的地方，而上级要统筹全局，从企业的整体发展角度出发。因此，下级在阐述建议后应该给上级留一段思考的时间，即使上级犹豫或否定了你的建议，也应该感谢上级倾听自己的意见，让上级感觉到自己工作的积极性和主动性。

## 6.1.2 横向信息沟通类型与工作标准

### 6.1.2.1 横向信息沟通类型

企业内部的横向沟通，一般存在三种类型：退缩型、侵略型和积极型。每一种类型均具有其独特之处，具体内容如图6-1所示。

（1）退缩型

① 担心因拒绝沟通对象的请求而招致对方不快，不敢把"不"字说出口。

② 没完没了地抱歉，担心招致一场争辩，破坏了同事间本来不错的关系，致使今后无法和平相处，影响单位、部门间的协作。

## 第6章 通过沟通机制畅通企业文化

```
退缩型是一种不敢明确表达自           积极型是在不侵害其他个人和部门利益的前
己的需要、愿望、看法、感受与信念       提下，敢于维护自己和本部门的权利，用直
的方式，显得心虚、压抑、愧疚，         接、真诚的态度，来表达自己的需求、愿望、
是不能唤起别人的重视以维护自己         意见、感受和信念的一种沟通方式。这种沟通
权益的沟通方式                         方式是我们在横向信息沟通上应该选择的方式

    [退缩型]                                          [积极型]

                      [侵略型]

          侵略型是一种强词夺理，把自己的意志强行加给他人的沟通方式
```

图 6-1 横向信息沟通的三种类型

③ 对自己的能力没有足够的信心，尽量采取低姿态，避免引起别人的注目。

④ 说话拐弯抹角、迟疑模糊，旁敲侧击地点出主题，总想让沟通对象主动提出问题，挑明问题的要点。

⑤ 编制借口，淡化自己行为的真正用意，以避免自己过分暴露而被视为鲁莽唐突。

⑥ 过多地自我设限，"我应该""我必须""我本来"，自己设定服从义务，造成沟通中地位的不平等。

（2）侵略型

① 沟通用语强硬，不给对方留下思考和商量的余地。

② 认为自己的需要、愿望和意见比别人的重要。

③ 自以为自己的能力高人一筹，他人不如自己，以一种盛气凌人的态度对待对方。

④ 忽略甚至否定他人的需要、愿望、意见、感受和信念的合理性。

（3）积极型

① 强调真诚、坦率地待人，从友好、合作的愿望出发，以大局为重，出于公心，没有不可告人的目的。

② 敢于坚持原则，捍卫自己最重要的权利，强调必须按照职权和企业规定行事。

③ 强调任何个人都是值得尊重的，沟通双方的共同目的是把工作做好，并坚信有双赢的解决办法。在沟通中明确自己的态度、立场及见解，但又避免将事情进行非

对即错的极端化归类。

④ 不把自己的意见强加于沟通对象，认同人人都有表达不同意见的权利。既表达自己的意见，给沟通对象提供解决问题的建议，又给沟通对象留有选择的余地。

⑤ 提出带有商讨性的建议，委婉征求对方意见，以了解他人的想法、意见和期望。对于不同意见，明确直接地予以表达，并及时说明拒绝的原因。

⑥ 说话简明扼要，从不含糊其词，表现出自己的开朗、直率和真诚，使对方能准确抓住要点，明白自己的态度和立场。将对问题的解释与对自己意见的阐述区分开，并让对方明确自己说话的思路。

⑦ 有不理解、不明确的问题，能直截了当地提出，让对方给予进一步说明。避免直接针对对方的意见和态度做出强硬的批评，而选择用建议来表达自己的意见和态度。

#### 6.1.2.2 横向信息沟通工作标准

企业横向信息沟通要建立工作标准，这一点十分重要。

（1）树立有效沟通的工作规范

① 企业领导者树立对沟通认可的态度。领导者要认识到沟通的重要性，并把这种思想付诸行动。企业的领导者必须真正地认识到与员工进行沟通对实现企业目标的重要性。如果领导者通过自己的言行认可了沟通，这种观念就会逐渐渗透到企业的各个环节中去。

② 企业成员提高沟通的心理水平。企业成员克服沟通的障碍可以从以下心理因素着手，如表6-2所示。

表6-2 克服沟通障碍的心理因素

| 序号 | 具体内容 |
| --- | --- |
| 1 | 在沟通中认真感知，集中精力，准确及时地传递和接受信息，避免信息错传、漏传 |
| 2 | 强化记忆的准确性，记忆准确性越高，传递信息越可靠，接受信息也越准确 |
| 3 | 提高思维能力和水平是提高沟通效果的重要心理因素，较高的思维能力和水平对于正确地传递、接受和理解信息，起着重要的作用 |

③ 压缩信息传递链，扩充沟通渠道。信息传递链过长，会减慢流通速度并造成信息失真。因此，要精简企业组织机构，拓宽信息渠道。

（2）建立有效的横向信息沟通模式

有效的横向信息沟通模式集中体现了"自上而下"和"自下而上"双向的沟通方式，具体如图6-2所示。

图 6-2 高效横向沟通模式的四个要点

（3）强化沟通信息的有效性

沟通信息的有效性是实现有效沟通的关键因素之一。信息的有效程度决定了沟通的有效程度。信息的有效程度又主要取决于以下三个方面。

① 信息的透明程度。公开的信息并非简单的信息传递，要以准确的文字语言进行传递，要确保信息接收者能理解信息的内涵。信息传播者与信息接收者掌握的信息要对称，以便信息接收者获得与自身利益相关的信息内涵，否则信息发送者的行为动机容易引发怀疑。

② 信息的反馈程度。有效沟通是一种动态的双向行为，在沟通过程中信息接收者要对信息发送者及时而充分地反馈。只有沟通双方都充分表达了对某一问题的看法，才真正具备有效沟通的意义。

③ 语言文字的准确程度。语言文字运用得恰当与否直接影响沟通的效果。语言文字使用时要简洁、明确，叙事说理要言之有据，条理清楚，富于逻辑性；措辞得当，通俗易懂，不要滥用辞藻，不要讲空话、套话。非专业性沟通，少用专业性术语。适当借助肢体语言和表情动作，以增强沟通的生动性和形象性，使对方容易接受。

## 6.1.3 与组织外部全方位、立体化沟通

实事求是、热情坦诚、不卑不亢、互惠互利、顾全大局、遵纪守法是我们用来协

调企业和外部关系的基本策略。外部环境主要包括客户、合作者、竞争对手、政府、新闻界、社区等。我们要通过这些外部关系传播好企业的公众形象。

企业的外部沟通，是指企业用传播手段使企业文化与利益相关者之间形成双向交流，使双方达到相互了解和相互适应的管理活动。其目的是为了更好地宣传企业品牌，改善与利益相关者的关系，促进公众对组织的认可、理解及支持，促进商品销售，树立良好组织形象。

企业与外部的沟通，主要对象包括顾客、股东、上下游企业、社区以及新闻媒体，包括以下具体的沟通方式。

（1）针对顾客

可采取的方式包括提供优质产品和服务、直接接触沟通、给顾客打电话、充分利用信函，以及顾客调查、广告、公关、CI策划等。

（2）针对股东

在与股东的沟通过程中，可以采取书信、年度报告、年度股东大会、邮寄新产品样品、宴会、个人摆放以及电话等形式。

（3）针对上下游企业

与上下游企业沟通时可以通过电子通信网络、互派人员、给对方人员提供培训机会、深入实际解决问题以及增加信息交流等形式进行沟通。

（4）针对社区

可采取社区公益讲座、开放式讨论会、扩大内部出版物发行范围、组织志愿者活动、地方广告以及新闻媒介等方式。

（5）针对新闻媒体

可通过召开新闻发布会、记者招待会或者企业最高管理者直接参与进行沟通的形式实现沟通。

## 6.2 高效沟通管理

美国著名人际关系学家卡耐基说过，一个职业人士成功的因素75%靠沟通，25%靠天才和能力。畅通企业文化必须做到高效沟通。

## 6.2.1 沟通回应的四种风格

无缝沟通中有一个极重要的因素,就是有效的倾听与回应他人。这很可能会影响沟通对象倾听你说话时的回应方式。对不同回应方式的种类应区别对待。

(1) 体恤型回应(Empathic Response)

① 体恤型回应是一种不带评断意味的回应方式。

② 对他人的需求能够给予关心和注意,并且显示出兴趣,常能鼓舞他人,同时也鼓励对方详细表达他们的想法与感受。

③ 会避免提出解决的建议,但是仍然可以适时地与他人分享各种资讯,听取话中更深一层的意义。

(2) 探索型回应(Searching Response)

① 探索型回应的方式在于寻求更多的资讯,以帮助找到问题的症结。

② 可以帮助对方宣泄情绪。

③ 有些时候问太多问题会让人觉得像在接受侦讯,引起被"严加拷问"或"酷刑逼供"的感觉。

④ 运用探索型回应的时机很重要。

(3) 建议型回应(Advising Response)

① 告诉对方该做什么或不该做什么。

② 当人们自己能够计划及组织而不需要让别人告知怎么做的时候,他们会感到更有自信,举止也会更加独立。

③ 建议往往使对方丧失了个人和专业成长的机会。提供建议本来是可以的,但是对于他人必须自己解决的事情,我们的意见反而妨碍了他们的成长。

(4) 批判型回应(Critical Response)

① 经常质疑他人所说的话和对事情的看法。

② 批判型回应给沟通对方带来的三个不良的后果必须注意:

a.觉得被拒绝或被压抑;

b.退缩或封闭自己;

c.没有机会将很想表达的情绪或感受发泄出来。

## 6.2.2 团队沟通的六个步骤

团队沟通属于企业管理和企业文化建设与传播的官方渠道或正式渠道,涉及的员工人数众多,内容重要,成本也较高。所以,要使团队沟通有效率、有效果,一般可将团队沟通的步骤具体分成以下六个阶段来操作。

（1）事前准备

① 确定沟通的主题，并具体列出要传递、获取或交换的信息。

② 安排好沟通的时间和地点。安排好时间有助于对沟通过程在时间上进行控制；地点的选择则影响沟通的环境和气氛。

③ 适时发出沟通的邀请。让被邀沟通者做好思想准备，这样有助于增强沟通的效果。

（2）确认需求

沟通的双方确定需要沟通的具体事项、关键点、要解决的问题以及要达到的目标和结果等。

（3）阐述观点

① 沟通双方按照沟通的主题和事项分别阐述自己的观点，同时听取对方的观点并进行思考和分析。

② 沟通是一个双方交流的过程，因此，要注意引导被邀沟通者的谈话，千万不要单方面夸夸其谈，最后达不到沟通的目的。

（4）处理异议

① 针对存在异议的双方观点，应协商处理，以期达到双方都满意的结果。

② 由于沟通双方不恰当的回答，可能会使被邀沟通者出现一些不适当的反应，给沟通带来困难，达不到沟通的目的，对此要灵活处置。

③ 沟通中尽量避免对方敏感和不愿意透露的个人私事，不说伤及他人的话语。

④ 在谈话陷入僵局时，或采取果断措施宣布有关事项，或暂时中止沟通，等气氛融洽时再继续进行，这样才能达到预期的效果。

（5）达成协议

通过对异议的共同处理，双方在平衡利弊的基础上，对沟通的问题达成一致的协议，取得沟通成果。

（6）共同实施

达成协议之后，双方应根据协议约定执行。

## 6.2.3　高效沟通避免十大障碍

只要上传下达，只要员工领会要义，只要有沟通的必要存在，就会不可避免地产生沟通障碍。一般而言，沟通障碍产生的原因如图6-3所示。

# 第6章 通过沟通机制畅通企业文化

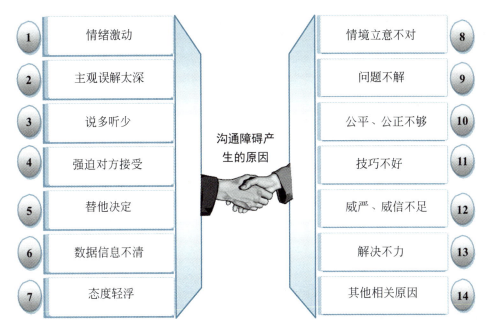

图6-3 沟通障碍产生的原因

高效沟通对于企业文化宣贯的重要性不言而喻。在高效沟通的过程中，也会由于团队因素、个人因素及沟通渠道等造成信息传输、解读和执行上的障碍。最常见的沟通障碍主要有以下十种，应特别注意加以避免。

① 组织或团队因素引起的障碍。即组织机构庞大、中间层次过多造成的障碍。

② 个性因素所引起的障碍。信息沟通在很大程度上受个人心理因素的制约。个体的性别、气质、态度、情绪、见解等的差别，都会成为信息沟通的障碍。

③ 知识和经验水平的差距所导致的障碍。在信息沟通中，如果双方的经验水平和知识水平差距过大，就会产生沟通障碍。此外，个体经验差异对信息沟通也有影响。

④ 个体记忆不佳造成的障碍。在组织管理中，信息沟通往往是依据组织系统分层次逐次传递的，然而，在按层次传递同一条信息时往往会受到个体素质的影响，从而降低信息沟通的效率。

⑤ 对信息的态度不同造成的障碍。一是认识差异。在管理活动中，不少员工和管理者忽视信息作用的现象还很普遍，这就为正常的信息沟通造成了很大的障碍。二是利益观念。在团体中，不同的成员对信息有不同的看法，所选择的侧重点也不相同。很多员工只关心与他们的物质利益有关的信息，而不关心组织目标、管理决策等方面的信息，这也造成了信息沟通的障碍。

⑥ 相互不信任产生的障碍。有效的信息沟通要以相互信任为前提，这样，才能使向上反映的情况得到重视，向下传达的决策迅速实施。管理者在进行信息沟通时，应该不带成见地听取意见，鼓励下级充分阐明自己的见解。这样才能做到思想和感情上的真正沟通，才能接收到全面可靠的情报，才能做出明智的判断与决策。

⑦ 沟通者的畏惧感以及个人心理品质造成的沟通障碍。在组织管理实践中，信息沟通的成功主要取决于上级与下级、领导与员工之间全面有效的合作。但在很多情况下，这些合作往往会因下属的恐惧心理以及沟通双方的个人心理品质而形成障碍。一方面，如果主管过分威严，给人造成难以接近的印象，或者管理人员缺乏必要的同情心，不愿体恤下属，就容易造成下属的恐惧心理，影响信息沟通的正常进行；另一方面，不良的心理品质也是造成沟通障碍的因素。

⑧ 沟通渠道造成的障碍。由于沟通渠道选择不当或者由于沟通渠道利用不当造成的障碍。

⑨ 沟通方法造成的障碍。由于沟通方法选择不当或方法利用不当造成的沟通障碍。

⑩ 沟通时机造成的障碍。即由于沟通时机选择不当造成的沟通障碍，需要重点注意避免。

## 6.3 无缝沟通技术

关于组织内部沟通混乱，没有机制、没有奖惩的案例——"世界上最愚蠢的银行"。

2008年9月15日上午10时，具有158年历史的美国第四大投资银行——雷曼兄弟公司，向法院申请破产保护。消息瞬间通过电视、网络传遍全球的各个角落。匪夷所思的是，10时10分，德国国家发展银行居然按照外汇掉期协议，通过计算机自动付款系统，向雷曼兄弟公司的银行账户转入3亿欧元，折合人民币30亿元。毫无疑问，这笔钱将是"肉包子打狗有去无回"。

转账风波曝光后，德国社会各界一片震惊。德国财政部长佩尔·施泰因布吕克发誓一定要查个水落石出，并严惩相关责任人。受财政部委托的一家法律事务所，很快进驻银行进行调查。调查报告很简单，只不过是——记载了被询问人员在这10分钟内忙了些什么。其具体情况如表6-3所示。

表6-3 法律事务所的调查报告

| 序号 | 姓名 | 口述内容 |
|---|---|---|
| 1 | 首席执行官乌尔里奇·施罗德 | 我知道今天要按照协议预先的约定转账,至于是否撤销这笔巨额交易,应该让董事会开会讨论决定 |
| 2 | 董事长保卢斯 | 我们还没有得到风险评估报告,无法及时做出正确的决策 |
| 3 | 董事会秘书史里芬 | 我打电话给国际业务部催要风险评估报告,可是那里总是占线。我想,还是隔一会再打吧 |
| 4 | 国际业务部经理克鲁克 | 星期五晚上准备带全家人去听音乐会,我得提前打电话预定门票 |
| 5 | 国际业务部副经理伊梅尔曼 | 忙于其他事情,没有时间去关心雷曼兄弟公司的消息 |
| 6 | 负责处理与雷曼兄弟公司业务的高级经理希特霍芬 | 我让文员上网浏览新闻,一旦有雷曼兄弟公司的消息就立即报告,现在我要去休息室喝杯咖啡 |
| 7 | 文员施特鲁克 | 10时3分,我在网上看到雷曼兄弟公司向法院申请破产保护的新闻,马上跑到希特霍芬的办公室。当时,他不在办公室,我就写了张便条放在办公桌上,他回来后会看到的 |
| 8 | 结算部经理德尔布吕克 | 今天是协议规定交易的日子,我没有接到停止交易的指令,那就按照原计划转账吧 |
| 9 | 结算部自动付款系统操作员曼斯坦因 | 德尔布吕克让我执行转账操作,我什么也没问就做了 |
| 10 | 信贷部经理莫德尔 | 我在走廊里碰到施特鲁克,他告诉我雷曼兄弟破产的消息。但是,我相信希特霍芬和其他职员的专业素养,一定不会犯低级错误,因此也没有必要提醒他们 |
| 11 | 公关部经理贝克 | 雷曼兄弟公司破产是板上钉钉的事。我本想跟乌尔里奇·施罗德谈谈这件事,但上午要会见几个克罗地亚客人,觉得等下午再找他也不迟,反正不差这几个小时 |

可以看出,这里根本就没有沟通,只有"我以为""同事应该知道""别人应该会办好",只有事不关己,高高挂起,更不可能做到高效的无缝沟通。有人从员工操作失误上来分析这件事,你怎么看待?这不就是显著的负面企业文化的案例吗?那么,要做到真正的无缝沟通,真正把无缝沟通做成一种企业文化,应该怎么办呢?

## 6.3.1 无缝沟通的五个维度和应拒绝的八种态度

无缝沟通是指可以使沟通者之间距离贴近,无距离感产生,从而使情感、信息等得到有效传递、接收、反馈的沟通方式。无论是企业文化的哪个方面,通过无缝沟通必将易于引起沟通双方的共鸣,达成默契,最终针对沟通目标达成共同的协议,以至认同、践行并主动传播企业文化。

既然是无缝沟通,就说明沟通是无处不在的,形式是丰富多样的,沟通的最终目的是达到预定目标。无缝沟通的五个维度如图6-4所示。

图6-4 无缝沟通的五个维度

无缝沟通本身就是一种企业文化的体现。无缝沟通能够成就完美的执行。要想树立高效的执行理念,就需要从两个方面出发:一方面是避免不良态度的影响,另一方面是端正执行任务的态度。

无缝沟通的态度很重要,要想剔除掉不良态度对高效执行理念树立的影响,就必须要明确梳理出存在哪些不良的工作态度。无缝沟通应拒绝的八种态度,如图6-5所示。

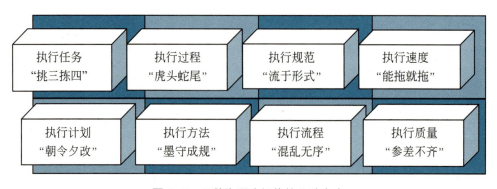

图6-5 无缝沟通应拒绝的八种态度

## 6.3.2 对照分析：价值观与沟通风格

具有不同价值观的人看待事物和处理事情的方式是不同的，即不同的价值观导致不同的行为风格。不同价值观与不同行为风格的对照分析，如图6-6所示。

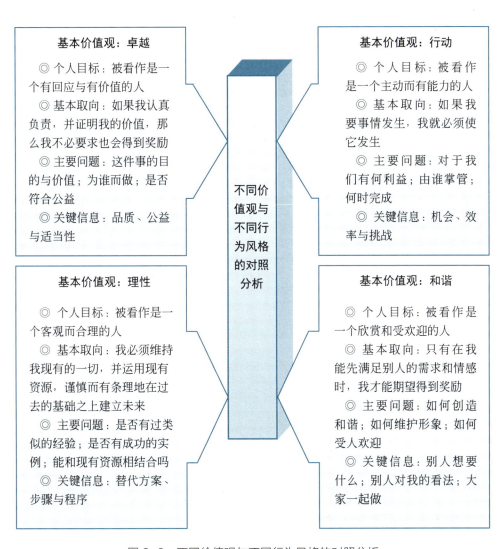

图6-6 不同价值观与不同行为风格的对照分析

可见，要实现无缝沟通，与不同价值观与行为风格的人进行沟通时应采用的沟通方式应该是不同的，具体如表6-4所示。

表6-4 与不同价值观和行为风格的人的沟通方式

| 行为风格 | 支持/退让（卓越） | 掌握/接管（行动） | 持稳/固守（理性） | 顺应/妥协（和谐） |
|---|---|---|---|---|
| 沟通方式 | ① 强调值得做的理由<br>② 用理想化的诉求要求他人协助<br>③ 诉诸卓越，设高标准<br>④ 表示重视<br>⑤ 强调自我发展 | ① 提供机会<br>② 赋予更多责任<br>③ 强调挑战性<br>④ 提供资源使其能有所作为<br>⑤ 授权 | ① 提出低风险的构想<br>② 提供分析机会<br>③ 运用逻辑<br>④ 运用熟悉度、惯例、结构<br>⑤ 找出新事物和旧事物的关联 | ① 提供与别人共事的机会<br>② 采用幽默的诉求<br>③ 让别人知道你高兴<br>④ 想方设法抓住引人注目的机会 |

## 6.3.3 打破心理防御与建立心理契约

心理防御机制（Psychological Defense Mechanism）是指个体面临挫折或冲突的紧张情境时，在其内部心理活动中具有的自觉或不自觉地解脱烦恼、减轻内心不安，以恢复心理平衡与稳定的一种适应性倾向。当一个人觉察到来自本我的冲动时，就会以预期的方式体验到一定的焦虑，并尝试用一定的策略去阻止它，这个过程就是防御，或称为自我的防御。

常见的心理防御机制包括八种类型。

① 否认。它是一种拒绝承认现实的某些方面，否定存在或已发生的事实，借以减轻焦虑和痛苦的心理防御机制。

② 潜抑。它是一种把不能被意识所接受的念头、感情和冲动不知不觉地抑制到潜意识中的心理防卫术。

③ 投射。它是指一个人把自己的过失归咎于他人，或者将自己内心那些不能被社会规范或自我良心所接受的感觉、欲望、意念等放到别人身上，以掩饰自己，逃避或减轻内心的焦虑与痛苦。

④ 反向作用。这是一种与原意相反的心理防卫术，是人们在处理一些不能被接受的欲望与冲突时所采用的防卫手段。

⑤ 转移。它是把自己对某一对象的情感，诸如喜爱、憎恶、愤怒等，因某种原因无法向其对象直接发泄，而转移到其他较为安全或较为大家所接受的对象身上。

⑥ 抵消。它是指一个人以象征性的动作、语言和行为，来抵消已经发生了的不愉快的事情，以弥补其心理上的不舒服的一种心理防卫术。

⑦ 合理化。它是指个人遭受挫折或无法达到所要追求的目标，以及行为表现不符合社会规范时，用有利于自己的理由来为自己辩解，将面临的窘迫处境加以掩饰，以隐瞒自己的真实动机或愿望，从而为自己进行解脱的一种做法。

⑧ 升华。它是指一个人将被压抑的不符合社会要求的本能欲望导向人们所接受

的、为社会所赞许的活动上面来。

心理契约（Psychological Contract）是美国著名管理心理学家施恩（E.H.Schein）正式提出的。他认为，心理契约是个人将有所奉献与组织欲望有所获取之间，以及组织将针对个人期望收获而有所提供的一种配合。

换言之，心理契约主要是指员工与组织之间的一系列相互期望，即员工有责任向组织提供什么，如满意的出勤率、较高的绩效等；同时，组织应该向其员工提供什么作为员工对企业付出的回报，如良好的工作环境和工作保障、培训、薪酬福利以及完善的职业生涯规划等。

由于心理契约的维持对员工的工作满意度、出勤率、流动率、生产率等有着重要的影响，因此，现代企业员工关系管理越来越重视员工心理契约的变化及维护，这也是深化企业文化的一个有效途径。

## 6.4 通过团队会议实现无缝沟通

相较于部门会议和小组会议，团队会议的规模更大，涉及人员更广，影响面更大，如果组织有效，将对于企业文化的宣贯起到举足轻重的作用；相反如果组织不好，则可能产生恶劣的影响。所以，为了降低团队会议过程中的风险，减少相关损失，企业文化部门要对会议会务过程中的关键点进行规范和控制。

要实现团队会议无缝沟通，高效有成果，具体需要严格把控14个关键点，如图6-7所示。

| 编制年度会议计划 | 1 | 高效团队会议的14个关键点 | 8 | 清扫、整理会场 |
| --- | --- | --- | --- | --- |
| 汇总月度会议内容 | 2 | | 9 | 编制会议纪要、决议、简报 |
| 编制会议实施方案 | 3 | | 10 | 会议文件发布、精神传达 |
| 编制会议成果文件 | 4 | | 11 | 督办会议决议 |
| 安排与会人员签到 | 5 | | 12 | 会议实施工作评估总结 |
| 进行会议记录 | 6 | | 13 | 后续会议产出的跟踪与落实 |
| 内外联络与会议生活服务 | 7 | | 14 | 改进会务工作 |

图6-7 高效团队会议的14个关键点

## 6.4.1 团队会议无缝沟通的八种角色设定

团队会议无缝沟通，是有组织、有领导地召集团队成员商议事情的活动。团队成员在无缝沟通过程中存在以下八种角色设定，只有定位明确、扮演得当，才能够取得预期的成效，如图6-8所示。

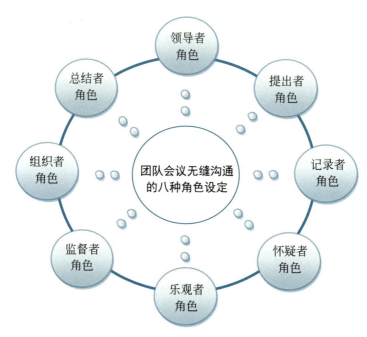

图6-8　团队会议无缝沟通的八种角色设定

对团队会议无缝沟通中八种角色设定的具体分析与说明，如表6-5所示。

表6-5　对团队会议无缝沟通中八种角色设定的说明

| 会议角色 | 具体特点 |
| --- | --- |
| 领导者角色 | 管理整个会议，设置会议议程，促进和监督会议的进程 |
| 提出者角色 | 在会议中提出新的想法和意见 |
| 记录者角色 | 客观地记录团队成员的发言和提出的意见 |
| 怀疑者角色 | 对其他人的意见和想法提出质疑 |
| 乐观者角色 | 对困难持积极的态度，积极寻找解决问题的办法 |
| 监督者角色 | 对会议进程的时间进行记录和监督 |
| 组织者角色 | 保证每个成员都有表达的机会，要求成员发言或组织投票表决等 |
| 总结者角色 | 总结、综合团队会议中的各种意见 |

在团队会议无缝沟通过程中,一个人可以担任几个会议角色,同样,有的会议角色也可以由多人同时或轮流担任。在具体的会议中,也可能缺少某种角色。

在成功的团队会议中,会议主持人是影响整个会议效果的关键。会议主持人需要同时扮演三种角色,即领导者角色、组织者角色以及监督者角色。会议主持人的具体职责包括以下八个方面,如图6-9所示。

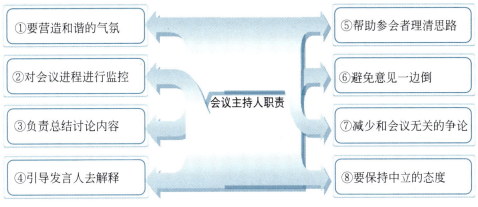

图6-9 会议主持人的八项职责

为了实现团队会议无缝沟通,保证团队会议沟通的效率和质量,所有参会者都需要遵守以下十大守则,具体如图6-10所示。

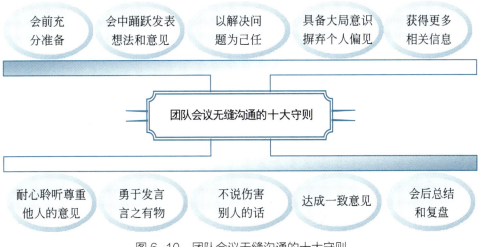

图6-10 团队会议无缝沟通的十大守则

## 6.4.2 制度范例:年度计划会议管理规定

表6-6是年度计划会议管理规定范例的调整和优化版,供读者参考。

表 6-6 年度计划会议管理规定范例

| 章节 | 内容 |
|---|---|
| 第1章<br>总则 | 第1条 目的<br>为了规范年度计划会议的管理，使年度计划会议执行有据可依，保证年度计划会议的顺利召开，提高年度计划会议效率，宣贯企业文化精神，依据公司会议管理相关制度，特制定本制度<br>第2条 适用范围<br>本制度适用于公司年度计划会议的准备要求、过程管理、纪律管理及会后落实的工作规范<br>第3条 职责<br>① 行政部负责年度计划会议准备及过程管理等后勤保障工作<br>② 相关主管领导负责审批年度计划会议方案<br>③ 各部门负责人负责制定本部门年度计划，并按会议时间安排逐一阐述本部门计划<br>④ 总经理负责对各部门年度计划提出意见和建议，保证下年度公司目标的实现 |
| 第2章<br>会前的<br>准备 | 第4条 会议通知时须注意的事项<br>① 通知内容须包括参加人员名单、会期、开始时间、地点、需要准备的事项及要求等<br>② 通知书写须文字明白、清楚，力求不发生误解，做到全面、周到，不要漏项，用电话或其他形式通知时要写出底稿，照稿宣读<br>③ 无记名参加的人员，对范围、对象、职位要通知清楚<br>④ 会议通知后，一定要跟踪会议准备情况，确保会议能够顺利召开<br>⑤ 反复与会议关键性及决定性人员核实准备情况，征求其对会议准备和召开的意见<br>第5条 与会人员在收到通知后，应认真准备发言要点、提案纲要，配合主持人使会议收到预期的效果<br>第6条 会议议程由主办部门拟定，包括会议内容、讨论事项、目的、参加人员、时间、地点、大约时长，以及需要发言的人员和内容、要求等<br>① 重点、重要议题安排在会议前一时间段<br>② 控制会议中各议题的时长<br>③ 保证与会人员有备而来。<br>第7条 行政部及时准备会议场所、会议文件及资料，并进行会场布置、设备调试，确保会议按计划进行 |
| 第3章<br>会议内容<br>及过程<br>管理 | 第8条 会议内容<br>总经理阐述公司年度经营计划及目标，并将计划及目标有效分解到各业务部门；各业务部门针对公司年度经营计划及目标，分别阐述本部门年度工作计划及目标。总经理对各业务部门年度经营计划及目标进行指导，保证公司年度经营目标的实现。<br>第9条 人员签到管理<br>会议组织部门或单位应编制参会人员签到表，参会人员在预先准备的签到表上签名以示到会 |

续表

| 章节 | 内容 |
|---|---|
| 第3章 会议内容及过程管理 | 第10条 会场服务<br>会场服务主要包括座位引导、分发文件、维护现场秩序、会议记录、处理会议过程中的突发性问题等内容<br>第11条 会议记录<br>会议记录人员应具有良好的文字功底和逻辑思维能力，能独立记录并具有较强的汇总概括能力。会议记录应完整、准确，字迹应清晰可辨 |
| 第4章 会议纪律管理 | 第12条 会议注意事项<br>① 发言内容是否偏离议题<br>② 发言目的是否出于个人利益<br>③ 全体人员是否专心聆听发言<br>④ 发言者是否过于集中针对某些人<br>⑤ 某个人的发言是否过于冗长<br>⑥ 发言内容是否朝着结论推进<br>⑦ 当必须延长会议时间时，应在取得大家的同意后再延长会议时间<br>第13条 召开会议时须遵守如下要求<br>① 严格遵守会议时间<br>② 发言时间不可过长（原则上以_____分钟为限）<br>③ 发言内容不可对他人进行人身攻击<br>④ 不可打断他人的发言<br>⑤ 不可中途离席<br>第14条 会议期间，须将一切通信工具置于关闭或静音状态，不随便走动，不吸烟，不做与会议无关的事情<br>第15条 所有参会人员不准泄露会议机密，要妥善保管会议材料，不得向无关人员泄露会议内容 |
| 第5章 会后落实工作规范 | 第16条 行政部整理会议记录并编制会议纪要<br>① 分析、总结、提升会议记录，形成会议结论性材料的提纲，以及要反映的具体事项等<br>② 按提纲和中心议题起草会议结论性材料<br>③ 会议纪要包括会议简况（会议时间、地点、参加人员、议题）和会议结果（会议主要精神，这部分是重点，是会议效果的反映，纪要应达到纪实、扼要、精到的目的）<br>④ 会议纪要等结论性材料经上级领导审批后，打印，下发到各相关部门<br>第17条 行政部要对年度计划会议资料进行存档，便于追溯 |
| 第6章 附则 | 第18条 本制度由行政部制定，由企业文化部门协助实施，其解释和修订权归行政部所有。<br>第19条 本制度自发布之日起正式实施。 |
| 起草人 | | 审核人 | | 审批人 | |

### 6.4.3 制度范例：公司日常例会管理规定

表6-7是公司日常例会管理规定范例的调整和优化版，供读者参考。

表6-7 公司日常例会管理规定范例

| 章节 | 内容 |
| --- | --- |
| 第1章 总则 | 第1条 目的<br>为了规范公司的例会管理工作，保证公司内部沟通渠道的顺畅，从而促进信息资源的有效传递，宣贯企业文化精神，依据公司会议管理相关规定，特制定本制度<br>第2条 适用范围<br>本制度适用于公司内部日常经营活动中常规例会的程序及实施、纪律与处罚管理工作。<br>第3条 例会管理原则<br>① 目的明确。确保全体与会者明确了解会议的主题和目的，是会议顺利召开的基本前提<br>② 精简高效。如果不开会也能解决问题，就坚决取消会议。严格控制会议召开的频率，避免会议过多，影响正常工作<br>③ 合理节约。合理控制参会人数及开会时间，节约会议经费支出<br>④ 适时有效。把握会议召开的时机，有效推动工作的进展<br>第4条 例会管理权责<br>① 公司例会由总经理负责审批<br>② 行政部负责统筹协调公司例会，并监督对本制度的执行情况<br>③ 各部门负责本部门权限范围内的例会组织工作，有权对违反本制度的行为进行处罚 |
| 第2章 例会类型 | 第5条 总经理办公会<br>① 召开时间：每周定期<br>② 主持人：总经理秘书<br>③ 参加人员：总经理或副总经理、各部门经理<br>④ 会议内容：汇报各部门工作情况；研究并寻找存在问题的解决方案；部署下一步工作<br>第6条 部门例会<br>① 召开时间：每周一上午<br>② 主持人：部门经理<br>③ 参加人员：部门内部全体员工<br>④ 会议内容：工作情况汇报、本周工作的安排<br>第7条 各类业务例会<br>① 指研发、生产、销售、财务等业务专题会议<br>② 召开时间：每月的最后一个工作日<br>③ 主持人：相关业务主管副总<br>④ 参加人员：主管副总、相关业务部门经理及其他会议主题的相关人员 |

续表

| 章节 | 内容 |
|---|---|
| 第2章 例会类型 | ⑤ 会议内容：业务学习及培训，总结、评价当月的业务状况，分析、解决工作中产生的问题，提出有效的业务改进措施，安排部署下一步工作<br>第8条 班前讲、班后评会<br>① 班前讲、班后评会主要针对各营业部<br>② 召开地点：工作现场（营业厅内）<br>③ 主持人：各营业部负责人<br>④ 参加人员：营业厅全体员工<br>⑤ 会议内容：传达上级有关精神，安排当天工作，强调劳动纪律等 |
| 第3章 例会程序及实施细则 | 第9条 例会管理程序<br>① 例会计划。每月28日前，行政部与各部门协调确定下月计划召开的公司例会，统一报总经理审核后，汇总公司月例会并编制月度会议计划表，在月底之前发至各部门负责人<br>② 例会准备。一般例会的准备工作比较简单，主要准备与会议主题相关的材料及所要发言的内容<br>③ 例会实施。根据例会计划召开会议<br>④ 例会内容落实。认真贯彻执行例会形成的决议和工作安排<br>⑤ 例会资料存档。部门例会记录由各部门自行整理归档，公司例会资料由行政部负责归档保管<br>第10条 例会管理细则<br>① 加强会议时间观念，倡导开短会。当连续开会时间超过半天时，应安排休息时间<br>② 召开临时会议时，组织部门需填写临时会议申请表，写明会议召开的目的、参会人员、研讨内容、开会时间和地点等，便于参会人员准备，提高会议的计划性和成效性<br>③ 对于参加人员相同、内容接近、时间相似的几个会议，部门经理以上领导有权安排合并召开，必要时应提请公司总经理核准<br>④ 各类会议的优先顺序为：公司例会、公司临时会议、部门例会（因突发事件而临时召开的会议不受此限）<br>⑤ 应认真对待公司的会议安排，严格按照确定的会议时间和内容召开，确保会议效果<br>⑥ 已列入计划的会议如需改期，或因特殊情况需要安排新的临时会议时，会议召集部门应提前两天办妥会议报批手续，并报行政部对会议计划进行相应的调整<br>⑦ 委派专人负责会议记录，必要时应按照要求形成会议纪要，以使大家遵照执行<br>⑧ 会期需遵照"小会服从大会，局部服从整体"的原则，服从企业统一安排，部门会议不应与公司例会安排在同一时间。同时，确定会期时也应尽量避免与公司重要的经营活动时间发生冲突，以免影响工作的正常运行<br>⑨ 会议结束后，由各部门经理负责传达会议精神，落实会议内容 |

续表

| 章节 | 内容 |
|---|---|
| 第4章 例会纪律与处罚 | 第11条 例会纪律<br>① 参加会议的人员不得无故缺席。确因特殊原因无法到会时，应安排临时的工作代理人，并得到主管领导的批准。会后应主动了解会议内容，认真执行与自己相关的工作<br>② 会议过程中，与会人员必须严格遵守会议纪律，严禁交头接耳，须关闭手机或将手机设置为静音状态，严禁接打电话<br>第12条 违反上述规定者，公司按制度视情节轻重给予警告、罚款、降薪、降职直至辞退处理 |
| 第5章 附则 | 第13条 本制度由行政部制定，由企业文化部门协助实施，其解释和修订权归行政部所有<br>第14条 本制度自发布之日起正式实施 |
| 起草人 | 审核人　　　　　　　　审批人 |

## 6.4.4 制度范例：企业年终会议管理规定

表6-8是企业年终会议管理规定范例的调整和优化版，供读者参考。

**表6-8 企业年终会议管理规定范例**

| 章节 | 内容 |
|---|---|
| 第1章 总则 | 第1条 目的<br>为了总结过去一年的工作，制定未来年度的工作目标，展望企业前景，宣贯企业文化精神，提高员工士气，增进各部门沟通了解，依据企业相关制度，结合企业实际情况，特制定本制度<br>第2条 适用范围<br>本制度适用于企业年终会议的策划、分工及组织与实施的管理<br>第3条 职责划分<br>企业年终会议由企业文化部统筹管理 |
| 第2章 年终会议策划及分工 | 第4条 年终会议策划流程<br>年终会议策划流程如下图所示<br><br>开始 → 成立年终会议筹备小组 → 确定年终会议主题及内容 → 下达通知<br>征集节目 ← 设计年终会议的流程 ← 确定年终会议的时间 ← 选择场地<br>会场内部布置 → 年终会议人员分工 → 邀请嘉宾 → 制定节目预演时间<br>结束 ← 年终会议前期准备 ← 年终会议用品准备 ← 组织节目彩排 |

续表

| 章节 | 内容 |
|---|---|
| 第 2 章 年终会议策划及分工 | 第 5 条 策划年终会议内容及分工<br>企业年终会议内容主要包括领导致辞、年度各种优秀奖颁奖、员工才艺表演、抽奖、互动游戏等，有时也会因为某些原因邀请一些知名的嘉宾来参加。年终会议策划时，需明确人员分工，以提高执行效率，保证年终会议顺利开展 |
| 第 3 章 年终会议的组织与实施 | 第 6 条 成立年终会议小组<br>企业年终会议通常会由一个年终会议小组来负责，主要是为了更好地协调各部门的事务及更有效地调配企业的各种资源来为年终会议服务。一般年终会议小组的成员是各部门领导指派本部门的活跃分子参加。年终会议小组负责整个年终会议的前期策划和后期执行<br>第 7 条 明确年终会议议题<br>会议的主题简明地表达了年终会议的主要方向，拟定出色的主题可以使企业员工清晰了解年终会议的方向和目标。背景板、会场的布置和环节的安排都应围绕主题展开<br>第 8 条 年终会议议程<br>"年终会议议程登记表"如下所示。<br><br>| 会议主题 | | 会议类型 | | 会议主办部门 | |<br>|---|---|---|---|---|---|<br>| 会议负责人 | | 会议主持人 | | 记录人 | |<br>| 会议摘要 | | | | | |<br>| 会议议题内容 |||||||<br>| 议题 1 | | 议题名称： | | | |<br>| 序号 | 时间 | 内容 | | 发言人 | |<br>| | | | | | |<br>| | | | | | |<br>| 议题 2 | | 议题名称： | | | |<br>| 序号 | 时间 | 内容 | | 发言人 | |<br>| | | | | | |<br>| | | | | | |<br>| 议题 3 | | 议题名称： | | | |<br>| 序号 | 时间 | 内容 | | 发言人 | |<br>| | | | | | |<br>| | | | | | |<br>| …… | | …… | | | |<br>| 出席人员 | | | 会议记录员 | | |<br>| 备注 | | | | | | |

续表

| 章节 | 内容 |
|---|---|
| 第3章<br>年终会议<br>的组织与<br>实施 | 第9条 选定年终会议场地<br>年终会议场地的选择一定要合理,主要根据参加年终会议的人数及环节设置的需要来选定。以下是年终会议场地选择要求<br>① 会议室一般都在度假村或酒店中寻找。会议室的地点最好离公司不超过一个小时的车程<br>② 会议室的面积:一般根据参加人员多少选择<br>③ 会议室的形状:一般来说,会议室的形状以方正的为好,使用率相对较高<br>④ 会议室的摆放:可选择回字形、宴会式、课桌式、分组式<br>⑤ 其他要素:音响、水、纸、笔、投影仪、投影幕、采光、灯光能否调节以适应投影仪的应用等<br>第10条 确定年终会议时间<br>年终会议是整个企业的活动,可以把各个部门的人员聚集在一起,时间的选定非常重要,要既不耽误工作,又可以聚集所有的人。年终会议策划时应明确会议的时间<br>第11条 提交年终会议预算<br>根据年终会议举办的场地、交通、餐饮、娱乐设施、奖品等情况,可提交一份初步的年终会议预算。也有企业会在年终会议筹备开始时就确定预算,所有工作都应在预算之内进行 |
| 第4章<br>附则 | 第12条 本制度由行政部制定,由企业文化部门协助实施,其解释和修订权归行政部所有<br>第13条 本制度自发布之日起正式实施 |

| 起草人 | | 审核人 | | 审批人 | |
|---|---|---|---|---|---|

# 第7章

# 通过媒体公关强化企业文化建设

危机伴随企业发展的每一步。比如，以往的各种"门"，无论是关于企业领导者个人的，还是企业事件，给企业的生存与发展带去的是不可估量的损失；当然，也有不少转危为安、化风险为机遇的案例。可见，处理危机和突发事件也是一种企业文化管理能力的体现。

同时，由于成绩显著，企业的优越感和自满现象时有发生，这些情绪一旦膨胀也蕴含着风险和危机。当然，处于危机点时，企业既面临危机又面临机遇。危机控制的目标就是化险为夷和变危险为机遇。要建立预警系统和快速反应机制，敏感地预测和感知由竞争对手及政策法规等造成的外部环境影响，善于处理因企业内部意外事件造成的影响。

这其中，各种类型相关信息的掌握程度和把控是至关重要的。如何通过媒体公关强化企业文化建设，是一个值得探讨的课题，涉及的方面也较广。本章主要从公关策划与管理、新闻发布与管理、危机公关与管理，以及大数据舆情管理四大方面展开。

无论是哪个方面的处置力度都将对企业文化建设产生不可估量的影响，这之前，都需要对信息类型和具体内容进行梳理，并责任到位，如表7-1所示。

表7-1 媒体公关需要收集的信息类型

| 信息类型 | 具体内容 | 责任人 |
| --- | --- | --- |
| 国家宏观经济环境现状 | 国家出台的影响行业发展的重大经济政策、国家领导人就经济发表的重要讲话、工业生产总值、经济和金融市场动向指标等 | 副总经理 |
| 行业走势及竞争对手动态 | 行业协会、竞争对手及专家学者对公司所在行业未来的预期，公司战略与行业标准是否一致，行业发展中的焦点问题，竞争对手的经营方针和经营策略等 | 副总经理 |
| 媒体信息 | 通过新闻媒体了解本公司在大众心目中的形象如何，公众对公司产品和服务的建议或意见，政府发布的新政策，竞争对手的动向等 | 公关部经理 |
| 利益相关者信息 | 通过调查与公司紧密相关的投资者、合作单位、顾客、员工、政府等利益相关者，得知其对公司的日常运营、生产管理、产品质量、市场营销、公司形象等方面的建议和意见 | 生产、销售、行政部经理 |
| 组织内部潜在信息 | 组织财务数据分析，上市公司年报，企业投融资情况等 | 财务部经理 |

# 第7章 通过媒体公关强化企业文化建设

## 7.1 公关策划与管理

在企业文化建设方面，公关策划与管理要规范化、流程化，明确权、责、利，抓住关键点、风险点和利益点。

### 7.1.1 流程范例：公关策划管理流程图

图 7-1 是公关策划管理流程图范例的调整和优化版，供读者参考。

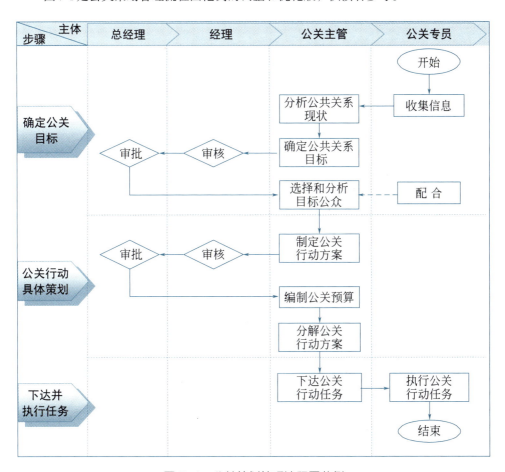

图 7-1 公关策划管理流程图范例

### 7.1.2　权责范例：公关策划管理权责卡

表7-2是与上述流程配套的公关策划管理权责卡范例的调整和优化版，供读者参考。

**表7-2　公关策划管理权责卡范例**

| 执行主体 | 职责明细 | 权利明细 |
|---|---|---|
| 总经理 | ① 对公共关系目标和公关行动方案进行审批<br>② 对公关策划管理工作提出必要的建议和要求 | ① 公共关系目标和行动方案的审批权<br>② 对公关策划管理工作提出必要的建议和要求的权利 |
| 企业文化经理 | ① 对公共关系目标方案进行审核<br>② 对公关行动方案进行审核 | 公共关系目标和行动方案的审核权 |
| 公关主管 | ① 开展公共关系调查，确定公共关系目标，并呈报企业文化部经理审核，总经理审批<br>② 根据实际需求，选择和分析目标公众<br>③ 制定公关行动方案和公关预算，及时调整公关宣传政策和媒介计划等，并呈报企业文化部经理审核，总经理审批<br>④ 分解公关行动方案并向公关专员下达公关行动任务 | ① 开展公共关系调查的权利<br>② 确定公共关系目标的权利<br>③ 选择和分析目标公众的权利<br>④ 制定公关行动方案的权利<br>⑤ 编制公关预算的权利<br>⑥ 分解公关行动方案的权利<br>⑦ 下达公关行动任务的权利 |
| 公关专员 | ① 负责收集并整理行业、公司及其特定项目公关策划方面的基本信息<br>② 配合公关主管选择和分析目标公众，并提出建设性意见<br>③ 具体执行公关行动任务，如广告、新闻发布或研讨会等活动 | ① 收集公关策划资料的权利<br>② 配合公关主管选择和分析目标公众的权利<br>③ 执行公关主管下达的公关行动任务的权利 |

### 7.1.3　公关策划管理的七大关键点

表7-3是在实践中运用公关策划管理流程图和公关策划管理权责卡时需要重点把控的公关策划管理七大关键点。

**表7-3　公关策划管理的七大关键点**

| 关键点序号 | 关键点名称 | 关键点业务操作说明 | 时长 | 适用部门 | 责任部门 |
|---|---|---|---|---|---|
| 1 | 分析公共关系现状 | ① 公关主管通过对企业内部信息的调查和分析，了解内部员工的意见态度<br>② 公关主管通过对企业外部信息的调查和分析，了解供应商、顾客、竞争对手等对企业行为的反应<br>③ 公关主管通过对内外部信息的分析，判断企业的社会基本形象、地位和存在的问题 | ×个工作日 | 企业文化部 | 企业文化部 |

续表

| 关键点序号 | 关键点名称 | 关键点业务操作说明 | 时长 | 适用部门 | 责任部门 |
|---|---|---|---|---|---|
| 2 | 确定公共关系目标 | ① 公关主管根据公共关系现状,确定公共关系目标<br>② 一般公共关系的主要目标有:树立企业良好的信誉和形象,监视、改善、适应企业的运作环境,联络公众和传递内外部信息,辅助决策和协调人际关系等 | ×个工作日 | 企业文化部 | 企业文化部 |
| 3 | 选择和分析目标公众 | ① 公关主管根据公关的主要目标确定需要覆盖的目标公众<br>② 公众群体包括但不限于内部公众、社区公众、顾客公众、媒介公众、政府公众和名流公众等<br>③ 公关主管还需要细化公众群体的具体范围。比如,内部公众除了员工之外,还需要涵盖到股东等 | ×个工作日 | 企业文化部 | 企业文化部 |
| 4 | 制定公关行动方案 | 公关主管根据实际需求制定公关行动方案,方案的主要内容包括公关对象(业务关系单位、公司内部对象、公司外部对象等),公关的主要方式(宣传方式、服务方式、征询方式等),公关的媒介(报纸、电视、网络等)等 | ×个工作日 | 企业文化部 | 企业文化部 |
| 5 | 编制公关预算 | ① 公关主管根据公关行动方案,按照详细、明晰和公平的原则编制公关预算<br>② 公关预算主要包括基本费用和活动费用两种,基本费用包括人工费、办公经费、器材费等,活动费用包括招待费、庆典活动费、广告费、交际应酬费等<br>③ 编制公关经费时常用的方法包括总额包干法、项目费用加总法、销售额提成法等 | ×个工作日 | 企业文化部 | 企业文化部 |
| 6 | 分解公关行动方案 | ① 公关主管根据公关行动方案和公关预算分解公关行动方案<br>② 公关行动方案的分解方法:按照媒介类型分解、按照公关行动的内容分解、按照公关对象分解、按照组织的需要分解 | ×个工作日 | 企业文化部 | 企业文化部 |
| 7 | 执行公关行动任务 | 公关专员在公关主管的领导下,负责开展具体的公关行动任务 | ×个工作日 | 企业文化部 | 企业文化部 |

## 7.2 新闻发布与管理

在企业文化建设方面，新闻发布与管理要规范化、流程化，明确权、责、利，抓住关键点、风险点和利益点。

### 7.2.1 流程范例：新闻发布管理流程图

图7-2是新闻发布管理流程图范例的调整和优化版，供读者参考。

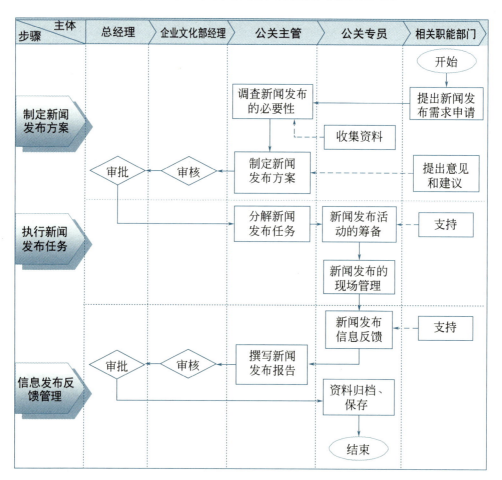

图7-2 新闻发布管理流程图范例

## 7.2.2 权责范例：新闻发布管理权责卡

表7-4是与上述流程配套的"新闻发布管理权责卡"范例的调整和优化版，供读者参考。

**表 7-4 新闻发布管理权责卡范例**

| 执行主体 | 职责明细 | 权利明细 |
|---|---|---|
| 总经理 | ① 对新闻发布方案进行审批<br>② 对新闻发布活动进行监督、指导<br>③ 对新闻发布报告进行审批 | ① 新闻发布方案和新闻发布报告的审批权<br>② 新闻发布活动的监督、指导权 |
| 企业文化部经理 | ① 对新闻发布方案进行审核<br>② 对新闻发布活动进行管理<br>③ 对新闻发布报告进行审核 | ① 新闻发布方案和新闻发布报告的审核权<br>② 新闻发布活动的管理权 |
| 公关主管 | ① 根据相关职能部门提交的新闻发布需求，结合相关信息资料，分析新闻发布的必要性<br>② 针对相关职能部门的需求，制定可行的新闻发布方案，并提交上级领导审核、审批<br>③ 根据工作需求，分解新闻发布任务<br>④ 根据新闻发布的执行情况，撰写新闻发布报告，并提交上级领导审核、审批 | ① 调查新闻发布必要性的权利<br>② 制定新闻发布方案的权利<br>③ 分解新闻发布任务的权利<br>④ 撰写新闻发布报告的权利<br>⑤ 寻求相关部门信息支持的权利 |
| 公关专员 | ① 根据相关部门的新闻发布需求申请，搜集新闻发布的相关资料<br>② 根据新闻发布方案筹备新闻发布活动<br>③ 做好新闻发布的现场管理<br>④ 新闻发布结束后，完成资料、会场的后续整理工作，并将新闻发布信息反馈给公关主管<br>⑤ 对新闻发布管理工作的相关资料进行归档、保存 | ① 寻求相关部门提供资料支持的权利<br>② 寻求相关部门对新闻发布活动进行相关支持的权利<br>③ 进行新闻发布现场管理的权利<br>④ 对新闻发布管理工作的相关资料进行归档、保存的权利 |
| 相关职能部门 | ① 根据工作需求，向公关主管提交新闻发布需求表<br>② 为新闻发布方案的制定提供信息支持<br>③ 为新闻发布活动的执行提供人员、技术、资料等方面的支持 | ① 提交新闻发布需求的权利<br>② 针对制定的新闻发布方案提出建议和意见的权利<br>③ 为新闻发布提供信息、人员、技术等方面支持的权利 |

### 7.2.3 新闻发布管理的九大关键点

表7-5是在实践中运用新闻发布管理流程图和新闻发布管理权责卡时需要重点把控的新闻发布管理九大关键点，供读者参考。

表7-5 新闻发布管理的九大关键点

| 关键点序号 | 关键点名称 | 关键点业务操作说明 | 时长 | 适用对象 | 责任部门 |
|---|---|---|---|---|---|
| 1 | 提出新闻发布需求申请 | ① 各职能部门根据实际需求，向公关主管提出新闻发布需求<br>② 提请进行新闻发布的情况有：企业发展及财务状况等重大事项、业绩发布、重大工程项目或投资活动等 | ×个工作日 | 相关职能部门 | 相关职能部门 |
| 2 | 调查新闻发布的必要性 | ① 公关主管通过对企业内外部信息的调查和分析，了解内部员工、业务关系对象（顾客、供应商、竞争对手等）、企业外部对象（媒体、政府、社会公众）对新闻发布事项的意见和态度等<br>② 公关主管根据搜集到的调查资料，运用定性和定量分析工具，衡量新闻发布的社会效益和隐形经济效益 | ×个工作日 | 公关主管 | 企业文化部 |
| 3 | 制定新闻发布方案 | ① 公关主管根据实际需求制定新闻发布方案<br>② 新闻发布方案的主要内容包括新闻发布的主要方式（发布新闻稿、举行记者招待会、接受或约见记者采访等），新闻发布的主题和详细内容，新闻发布的时间、地点、主持人、参与人和职责分工，新闻发布的预算等 | ×个工作日 | 公关主管 | 企业文化部 |
| 4 | 分解新闻发布任务 | 公关主管根据企业文化部各岗位职责和企业各部门职责，将新闻发布任务进行分解 | ×个工作日 | 公关主管 | 企业文化部 |
| 5 | 新闻发布活动的筹备 | ① 公关专员邀请需参会的人员、公司、媒介等出席新闻发布活动，并制作相应的工作卡<br>② 公关专员对新闻发布现场进行布置（投影仪、话筒、背景、座次、鲜花等）<br>③ 公关专员合理安排新闻发布当天的后勤服务（水果、饮料、安保等）<br>④ 公关专员跟进会议主持人的发言稿<br>⑤ 公关专员安排彩排事宜，合理掌控新闻发布时间<br>⑥ 各职能部门对公关活动的筹备提供支持 | ×个工作日 | 企业文化部、相关职能部门 | 企业文化部 |

续表

| 关键点序号 | 关键点名称 | 关键点业务操作说明 | 时长 | 适用对象 | 责任部门 |
|---|---|---|---|---|---|
| 6 | 新闻发布的现场管理 | ① 公关专员安排接待员，设立签到处，派专人引导到会者进入会场<br>② 会场服务人员佩戴工作卡，与会者佩戴印有名字和公司机构/新闻机构名称的工作卡<br>③ 公关专员在关键地点设置安保岗位，维持会场秩序<br>④ 新闻发布完成后，公关专员负责清理新闻发布现场，整理新闻发布的资料和记录 | ×个工作日 | 公关专员 | 企业文化部 |
| 7 | 新闻发布信息反馈 | ① 公关专员收集相关人员的反映，收集相关记者在新闻媒体上所做的报道，并进行归类整理<br>② 公关专员了解记者及所属媒体对企业的看法及其报道中的内容及倾向性 | ×个工作日 | 公关专员 | 企业文化部 |
| 8 | 撰写新闻发布报告 | ① 公关主管根据新闻发布中相关人员的信息反馈，撰写新闻发布报告<br>② 新闻发布报告内容包括新闻发布活动实施的优缺点及改进措施，新闻发布后的媒介报道、社会反响，新闻发布后内部员工的思想动态，新闻发布后业务关系对象的反应等 | ×个工作日 | 公关主管 | 企业文化部 |
| 9 | 资料归档、保存 | 新闻发布完成后，公关专员要对新闻发布资料进行整理、保存 | ×个工作日 | 公关专员 | 企业文化部 |

## 7.3 危机公关与管理

在企业文化建设方面，危机公关与管理要规范化、流程化，明确权、责、利，抓住关键点、风险点和利益点。

## 7.3.1 流程范例：危机公关管理流程图

图7-3是危机公关管理流程图范例的调整和优化版，供读者参考。

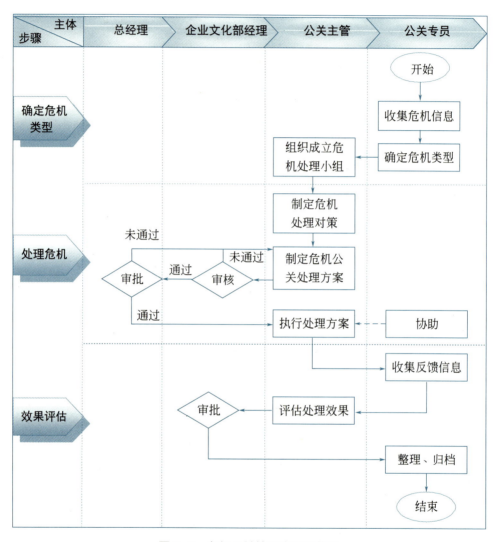

图 7-3　危机公关管理流程图范例

## 7.3.2 权责范例：危机公关管理权责卡

表7-6是与上述流程配套的危机公关管理权责卡范例的调整和优化版，供读者参考。

表7-6 危机公关管理权责卡范例

| 执行主体 | 职责明细 | 权利明细 |
|---|---|---|
| 总经理 | ① 审批危机公关处理方案<br>② 对危机公关方案提出建议，监督危机公关方案的执行情况 | ① 审批危机公关处理方案的权利<br>② 对危机公关方案提出建议的权利<br>③ 对危机公关执行情况进行监督、检查的权利 |
| 企业文化部经理 | ① 审核危机公关处理方案<br>② 对危机公关的执行过程进行管理和指导<br>③ 对危机公关的处理结果进行审批 | ① 对危机公关处理方案进行审核的权利<br>② 对危机公关的执行过程进行管理和指导的权利<br>③ 对危机公关的处理结果进行审批的权利 |
| 公关主管 | ① 根据危机的紧迫性和危机类型，组织成立危机处理小组<br>② 为将危机控制在一定范围内，根据危机产生的原因，与危机小组成员共同分析危机处理对策，并制定危机处理方案<br>③ 根据危机处理方案，在相关部门和人员的协助下执行处理方案<br>④ 就危机处理效果进行评估，形成评估报告 | ① 选择危机处理小组成员的权利<br>② 对危机小组成员进行权责划分的权利<br>③ 分析危机处理对策，制定危机处理方案的权利<br>④ 对危机处理效果进行评估的权利 |
| 公关专员 | ① 负责收集潜在的或已经出现的危机信息<br>② 对收集到的信息进行汇总、分析，确定危机的类型<br>③ 协助公关主管处理危机<br>④ 收集危机公关处理结果的反馈信息<br>⑤ 对危机公关管理过程中产生的资料进行整理、归档 | ① 寻求相关部门、相关人员提供信息协助的权利<br>② 对危机进行分析，发表个人建议和意见的权利<br>③ 协助公关主管处理危机，并提出执行建议的权利<br>④ 收集危机公关处理结果反馈信息的权利<br>⑤ 对危机公关管理过程中产生的资料进行归档、整理的权利 |

### 7.3.3 危机公关管理的九大关键点

表7-7是在实践中运用"危机公关管理流程图"和"危机公关管理权责卡"时需要重点把控的危机公关管理九大关键点。

表7-7 危机公关管理的九大关键点

| 关键点序号 | 关键点名称 | 关键点业务操作说明 | 时长 | 适用岗位 | 责任部门 |
|---|---|---|---|---|---|
| 1 | 收集危机信息 | 公关专员通过媒体、竞争对手、顾客、内部员工、组织内部结构、产品质量、企业业绩等渠道收集潜在的或已存在的危机信息 | ×个工作日 | 公关专员 | 企业文化部 |
| 2 | 确定危机类型 | ① 公关专员对收集到的危机信息进行归类、汇总、分析<br>② 公关专员根据信息分析结果,确定危机类型<br>③ 一般情况下,危机类型包括四种:由不可抗拒的外部力量所引起的危机、非组织成员有意或无意造成的危机、组织内部个别成员有意或无意造成的危机、组织管理方面的责任所引起的危机 | ×个工作日 | 公关专员 | 企业文化部 |
| 3 | 组织成立危机处理小组 | ① 由于危机的破坏性、紧迫性、意外性和聚焦性,公关主管应在最短的时间内成立危机处理小组。危机处理小组的成员应熟悉公司的运作,学识广博,能够承担压力,富有创造力,应包括资深或实权在握的人,必要时应邀请专业机构加入(法律机构、专业公关公司)<br>② 公关主管对危机处理小组的成员进行责权划分 | ×个工作日 | 公关主管 | 企业文化部 |
| 4 | 制定危机处理对策 | 公关主管与危机处理小组成员对危机事件进行深入研究,根据公司实际需求,制定危机处理对策 | ×个工作日 | 公关主管 | 企业文化部 |

续表

| 关键点序号 | 关键点名称 | 关键点业务操作说明 | 时长 | 适用岗位 | 责任部门 |
|---|---|---|---|---|---|
| 5 | 制定危机公关处理方案 | ① 公关主管根据危机类型和危机处理对策，形成完整的危机处理方案<br>② 危机处理方案一般包括对受害者采取的对策、对新闻媒体采取的对策、方案的执行程序、费用预算、预期效果等 | ×个工作日 | 公关主管 | 企业文化部 |
| 6 | 执行处理方案 | ① 公关主管根据危机类型和危机处理方案，将危机处理任务分解到相应的部门和工作人员<br>② 相应部门及人员根据实际情况对受害者、新闻媒体、内部员工等进行危机公关处理 | ×个工作日 | 公关主管 | 企业文化部 |
| 7 | 收集反馈信息 | ① 公关专员通过调查问卷、现场观察、市场数据观测等方法向社会大众收集危机公关的效果<br>② 公关专员收集报纸、电视、网络等媒介对危机公关过程和效果的报道 | ×个工作日 | 公关专员 | 企业文化部 |
| 8 | 评估处理效果 | ① 公关主管分析危机公关后，根据媒体、社会大众和企业运行等方面的状况，评估危机公关的处理效果<br>② 其中评估内容包括公关的覆盖率、有效率、传播力度、销售提升、公关指数提升、公关改进方向等方面 | ×个工作日 | 公关主管 | 企业文化部 |
| 9 | 整理归档 | 公关专员对危机公关中出现的资料进行整理、归档 | ×个工作日 | 公关专员 | 企业文化部 |

## 7.4 大数据舆情管理

在企业文化建设方面，大数据舆情管理要规范化、流程化，明确权、责、利，抓住关键点、风险点和利益点。

### 7.4.1 流程范例：大数据舆情管理流程图

图7-4是大数据舆情管理流程图范例的调整和优化版，供读者参考。

| 步骤 | 渠道类型 | 采集层 | 分析层 | 呈现层 |
|---|---|---|---|---|
| 1 | 新闻 | 要素采集 | 自动分类 | 负面预警 |
| 2 | 论坛 | 关键词抽取 | 自动聚类 | 舆情分类 |
| 3 | 博客 | 全文检索 | 自动摘要 | 最新舆情 |
| 4 | 贴吧 | 自动去重 | 人名识别 | 专题跟踪 |
| 5 | 搜索引擎 | 分区存储 | 地域识别 | 舆情简报 |
| 6 | 微信 | 归类分析 | 机构名识别 | 官方正式发布 |
| 7 | 短视频 | DATA大数据 | 正负判定 | 区域分析 |
| 8 | 平媒电子报 | 数据库存储 | 中文分词 | 统计图表 |
| 9 | 其他 | 爬虫技术 | 特殊字符识别 | 短息通知 |

图7-4 大数据舆情管理流程图范例

## 7.4.2 框架范例:大数据舆情管理图谱

在表7-8中,舆情管理子系统包括分类舆情、专题渊源、舆情简报(模板化输出)、舆情异控、炒手分析、境外信息融合分析等。这里的舆情管理数据、信息、资料的应用,对于大型国企和跨国集团公司,通过媒体公关强化企业文化建设来说,非常有借鉴意义。对于一些热点案例的前因、后果、过程事件,尤其是反转手段或者变危机为转机的事件策划要重点关注并借鉴。

而舆情协管子系统发挥着量化输出的功能,包括发现舆情、处置舆情、形成方案情报、督察评分等。

表 7-8 大数据舆情管理图谱范例

| 点线面舆情体系搭建 | | | | 舆情管控子系统 |
|---|---|---|---|---|
| 新闻站点 | BBS 贴吧 | Blog 博客 | 微博 | 舆情管理子系统 |
| 采集流程 | | | 系统库 | 舆情分析 | 舆情预警子系统 |
| 多线程并发网页扫描 | 数据更新对比 | 分布式集群采集 | 垃圾信息过滤 | 数据库 | 文章要素提取 | 舆情协管子系统 |
| | | | | | 分类聚类 | 协同办公子系统 |
| | | | | 全文检索系统 | 相似性去重 | 微博管理子系统 |
| | | | | | 自动摘要 | 网评员管理子系统 |
| | | | | | 提取关键词 | 网上发言人子系统 |
| 纸媒电子版 | 搜索 | 境外网站 | | 问答 | 视频 |

# 第 8 章
# 考核评价企业文化促成效

企业文化管理行为的开始是以"目标的确定"为依据的，管理行为的执行过程也是以"目标有效性"为指针的；企业文化管理行为的结束则是以"目标的完成度"来评价管理效果的。企业应紧紧围绕企业文化目标管理和绩效管理，认真按照"目标引领、考核推进"的思路，积极构建企业文化管理体系。

对于中央企业来说，企业文化考核评价的大规模研究与探索始于国资委下发的《关于加强中央企业企业文化建设的指导意见》。该文件明确要求，在一定时间内对企业文化建设进行总结评估，及时修正，巩固提高，促进企业文化的创新。该文件还强调要建立企业文化建设的长效管理机制，包括建立科学的管理制度、完善的教育体系，以及制定严格的绩效评估办法等。

21世纪是经济全球化的时代，而企业文化建设又随时代的发展而与时俱进，所以，今天也是企业向着文化管理阶段大步迈进的时代。对于企业来说，关于如何考核评价企业文化建设、宣贯和落地效果的探索和实践自始至终从未停止过。比如，中国南方航空公司推出了"CSAIR理念"（这里的C即顾客至上，S即尊重人才，A即追求卓越，I即持续创新，R即爱心回报）。在企业文化建设的过程中，这些理念在多大程度上转化成行为模式了呢？这就要看如何考核，如何评价了。

比如考核"顾客至上"践行得如何：第一步，定义关键行为描述；第二步，把无法测量的指标转换为定量指标；第三步，定义考核说明并赋分（从完全不符合到非常符合）。其他文化内容的考核也一样。通过综合评价，就能发现公司文化工作哪里不到位。这样下来，就是把考核作为了好的"指挥棒"，干什么考什么，缺什么补什么。

目前，大多数企业已经达成共识，建立企业文化考核评价机制，可以发挥预警、变更，达成有效管理的作用。

① 预警——企业文化是企业兴衰的晴雨表，企业美誉度、员工流动率以及企业经营绩效等定性、定量分析的指标，构成企业文化预警系统。

② 变更——在企业文化良好状态下，需要巩固既得成果，完善具体措施；在正常状态下，需要对企业文化的理念体系进行检测，剔除不适合企业和企业文化发展的因素；在预警状态下，应对企业文化体系架构和实施措施进行全面调整，必要时将实行文化重组；在危机状态下，要实施文化变革，重构新的更适合企业发展的企业文化体系。

## 8.1 企业文化与组织行为

企业文化工作怎样评价？其实很简单，三个衡量标准就够了！

① 对待企业内部非原则性不愉快事情的态度。是一点小事就弄得满城风雨，还

是能开诚布公，良好地解决。

② 对待本职工作之外的事情的态度。是事不关己、高高挂起，还是主动协助，积极帮忙。这是制度管不到的，很说明问题。

③ 看对企业未来的发展是否关心。是只顾眼前，做一点算一点，还是事事能从长远考虑，关心企业就是关心自己。关心未来发展就能同舟共济。

所以，看一个企业员工的这三点，就知道这个企业的文化行不行。

企业文化工作怎样评价？其实又很不简单，毕竟企业文化建设这样一项巨大的工程，到底做得好不好，效用有多大，能不能量化，都不是一两句话能说清楚的问题。

企业文化是企业在自身发展过程中形成的以价值观为核心的独特文化，是一种通过凝聚人心来实现员工自我价值、提升企业竞争力的无形力量。企业文化是一个系统管理工程，需要有一个实践和认同的过程。企业文化是否起作用了，对企业的经营发展是否产生好处了？企业家和员工们是否减少了郁闷、增加了快乐，工作效率是否提高了？回答这些问题就需要看成功企业文化的特征，就要对企业文化进行考核和评价。

### 8.1.1　模型设计：成功企业文化的八大特征

成功的企业文化对外要具有一定的引力，对内要具有一定的凝聚力。因此，成功的企业文化应具备以下八大特征，如图8-1所示。

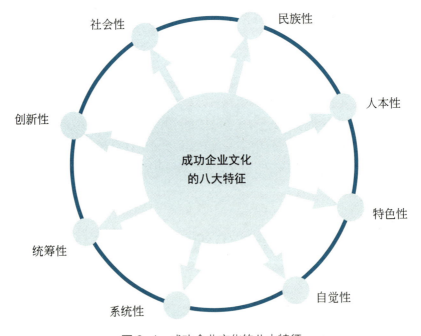

图 8-1　成功企业文化的八大特征

① 社会性。社会文化包括社会意识形态、社会价值观念、社会行为准则、社会文化心理、社会道德规范、社会人际关系等。同时，企业的发展存在于社会中，社会文化时刻影响企业文化，渗透到企业文化之中。要建设社会主义企业文化，就必须"以科学的理论武装人，以正确的舆论引导人，以高尚的精神塑造人，以优秀的作品鼓舞人"。

② 民族性。文化是民族的灵魂，企业文化必然蕴含着民族传统文化。五千年历史，中华民族形成的以爱国主义为核心、团结统一、爱好和平、勤劳勇敢、自强不息的伟大民族精神，要在企业文化建设过程中，继承与发扬。

③ 人本性。人是企业文化的主体，也是企业生产和服务的主体；人是可以创造的生产要素，是活的资源、可以升值的资源；人是企业生存发展的第一资源。因此，以人为本是企业文化最重要的特征。

④ 特色性。具有本企业特色的企业文化，在具有企业文化共性的基础上显示其独特的企业精神、鲜明的企业形象、创新的企业品牌、高效的管理风格，从而促进企业的发展和经营的成功。个性文化一旦形成，就会产生巨大的感召力、凝聚力、生命力和对外的辐射力。

这里的"创新企业品牌"在国资委印发的《关于加强中央企业品牌建设的指导意见》中得到了重点诠释。即其中的第十九条"加强品牌文化建设"，可以作为所有企业类型的参考：中央企业要把"做企业就是做品牌，一流企业要有一流品牌""品牌也是生产力，自主品牌是企业的核心竞争力"和"品牌是企业的无形资产，是实现保值增值的重要途径"三大理念作为企业文化建设的重要内容，凝聚核心文化，光大品牌形象。要不断增强全员品牌意识，丰富品牌文化内涵，营造"人人塑造品牌、人人维护品牌、人人传播品牌"的浓厚氛围。

⑤ 自觉性。企业文化是客观存在的，有企业就有企业文化。随着经济社会和科技的发展，"文化制胜"的作用逐渐显现。企业管理由传统的、外在的、硬性的制度调节，逐渐转向自觉的文化管理，转向内在的文化自律自控和软性的文化引导。

⑥ 系统性。系统性是指企业文化是由相互联系、相互作用的诸要素组成，是一个具有特定功能的整体。企业文化作为一个系统，按其组成要素的性质，可分为结构系统、载体系统与功能系统等。

⑦ 统筹性。随着经济全球化的发展、新媒体的普及，各国企业文化呈现相互开放、相互交流、相互引进、相互汲取的融合趋势，从而表现出统筹协调、优势互补、合作双赢、共同发展的特征。从宏观来看，这必将对企业文化的建设产生深远影响。

⑧ 创新性。创新性是指企业文化在发展的过程中，必须消除消极落后的传统，继承优秀进步的做法，并随着经济社会发展和知识经济的到来，不断地改革创新。因地制宜，用新的视野、新的思路、新的价值观，来构建新的企业文化，使企业真正成为学习型组织。

## 8.1.2 通过经营行为评价企业文化

在企业文化的建设过程中，企业创始人的价值观、性格特征、经营理念和经营行为等对企业文化产生着重要的影响，如图8-2所示。

| 企业高级管理人员 | 新建或初建公司时，是否由一位或数位企业高管人员制定并努力实施一种创意、经营策略或经营思想，例如"中小微企业的老板文化即是企业文化"的说法 |
| --- | --- |
| 企业经营过程 | 企业是否合理配置人力、物力、财力和信息等资源，实施各种经营事务工作。企业员工是否运用受经营思想和经营策略指导的行为方式执行各项事务 |
| 企业经营成果 | 企业是否通过运用各种措施，取得经济效益和社会效益，并且这些效益是否持续相当长的一段时期 |
| 企业文化渐隐渐现 | 渐隐渐现的企业文化，是否包含有竞争力的价值观，体现在企业全员的行为方面，代表着企业内部的社会秩序，并随着企业内外部环境的改变而改变 |
| 制度规范 | 制度规范是企业理念的固化，被企业战略与文化认同的企业制度是企业神圣的"契约" |

图 8-2　经营行为等因素对企业文化产生的影响

管理控制的本质是认同。组织要坚持科学管理与文化管理的有机融合，以意识控制为主，制度控制为辅。有的企业已经在自有价值理念的指导下，通过导入ISO 9001、ISO 14000、OHSAS 18000等标准，以及财务管理软件和项目管理软件等系统，建立了持续自我完善的安全、质量、环境等综合管理体系。这种体系的"强制性"运行，使得企业的价值理念不断得到内化，变成企业与员工共同的价值理念，最终可以形成自觉性的体系运行机制和以文化为主导的管理模式。

## 8.1.3 通过文化惯性与创新评价企业文化

《周易》对文化一词有如下界定：观乎人文，以化成天下。讲述的是：把握现实社会中的人伦秩序和社会关系，使人们的行为合乎文明礼仪，并由此而推及天下，以成"大化"。"文化"一词由此而来。文化，近乎一种信仰，经过了长时间的沉淀和积累，不仅以一种习惯的形式广泛呈现，并且成为部落或民族的"基因"，在一段时间内保持其惯性，同时这种"基因"缓慢地吸收并认同时代因素而得到重组和结构再生，再推及天下，以成"大化"，周而复之。

其实，"文化"起源于图腾崇拜，图腾本身蕴含的意义展示当时人们的宗教和信仰。原始人相信某种动物或自然物与同氏族有血缘关系，将其艺术化为亲属、祖先、保护神的标志和象征。图腾在将自己部落的尊敬和崇拜汇集于一身的同时，又不断吸收其他部落元素而发展。因此，文化从一开始就表现为社会关系，普及天下并被人们接受和相互约束，且不断地增加新的元素而持续发展。

文化惯性是指在既定文化形成后，处于这种文化背景下的人们共同遵循的价值观念和行为准则，以及这种文化作用于人们实践活动的内在力量。文化惯性既是一种隐性的思想观念、思维定式、价值判断，也是一种显性的影响力、渗透力、推动力。

文化惯性是在文化认同的基础上形成的，是在长期积淀的过程中固化的，是在相对稳定的状态下形成的。因此，从根本上看，文化惯性实质上就是文化惰性，是一种相对静止和满足于"维护"的力量；而组织创新恰恰相反，它是企业适应新的生产力发展需要而产生的趋向和行动，是一种快速运动和追求改变的力量。

由于文化的持续性和惯性，已有文化使主流的符号和意义内化于下一代，通过激励和导向在企业持续发酵代代递承。于是形成企业文化的人为能动性并使制度变得重要，而且这种重要性每年都在增加。打造其内部和外部的创新团队，加强培养团队的创新文化，这种变革并非易事，因为会遭遇来自团队成员内部的各种实际和心理上的阻力，需要克服在思维和执行方面的多种挑战。

组织变革是不以人的意志为转移的客观过程。引起组织结构变革的因素通常有：外部环境的改变、组织自身成长的需要以及组织内部生产、技术、管理条件的变化等。实行组织变革，就是根据变化了的条件，对整个组织结构进行创新性设计与调整。创新型组织的企业文化一般具有以下五项特征，如图8-3所示。

| 1 | **鼓励多样思路**。不强调专一性，鼓励多种工作思路，可以容忍不切实际的想法和主张 |

| 2 | **减少组织监控**。企业把规章、条例、政策之类的监控减少到最低限度，适当放权和授权，加大管理的自由度 |

图 8-3

| 3 | **鼓励承担风险**。鼓励管理干部和员工大胆试验，组织和团队容忍可能失败的后果，把可能的错误作为学习的机会。强调开放系统，随时监控环境的变化并做出快速反应 |

| 4 | **容忍群体冲突**。鼓励群体中的不同意见或建议，中等程度的群体冲突有利于调节群体气氛，从而实现更高的经营绩效 |

| 5 | **注重结果导向**。鼓励设置明确具体的目标，积极探索实现目标的各种可行途径。注重结果获取与评价，对于给定的问题，需要有若干种正确的解决方法 |

图 8-3　创新型组织企业文化的五项特征

企业文化作为当代企业管理理论，旨在将企业价值观渗透到企业经营管理的各个方面、各个层次和全过程，用文化的手段、文化的功能、文化的力量去促进企业整体素质、管理水平和经济效益的提高。要坚持用文化手段管理文化，坚持以文化引导人、培育人。要处理好虚与实、无形与有形的关系，坚持内外双修、软硬管理相结合。

## 8.2　文化测评工具与定期调研

"功用"即文化测评的功能与作用：功能是文化测评活动本身固有的一种稳定机制，是相对独立的；而作用是文化测评活动外在影响的一种具体表现，它会受到各种偶然因素的影响。

功能是作用的内在根据，而环境因素则是作用产生的外在条件。作用是文化测评活动中，功能与环境因素相结合而产生的实际效用。作用、功能与文化测评活动是合为一体的。相对于文化测评活动来说，功能是潜在的机制，而作用是外在的效应。企业文化测评的主要功用如图8-4所示。

### 8.2.1　企业文化常用测评工具一览表

企业文化测评的主要目的是为了建设企业文化。总体来说，企业文化测评包括测评企业文化的针对性和应用性两项内容。常用的企业文化测评工具主要包括五种，具体如表8-1所示。

| 功用 \ 分述 | 1 | 2 | 3 |
|---|---|---|---|
| 评定 | 文化测评评定功能的正向发挥，在企业治理中首先表现为促进与形成的作用 | 文化测评的评定功能还表现出激励和强化的作用 | 评定功能的正向发挥，还表现出导向作用 |
| 诊断反馈 | 诊断反馈功能的正向发挥首先表现出咨询的作用 | 文化测评的诊断功能，表现为对企业文化建设方案的制定和选择，对文化宣传与推进工作的计划和改进，起着重要的参考作用 | 诊断反馈功能的正向发挥，表现出调节与控制的作用 |
| 预测筛选 | 文化测评，尤其是企业文化建设成效测评，是在对企业健康状况和员工整体素质、现在及过去大量表现行为的全面了解与概括的基础上判断组织表征行为运动群的特征和倾向的过程，预测功能的正向发挥表现为筛选作用 | | |

图 8-4 企业文化测评的主要功用

表 8-1 企业文化测评常用的五大工具

| 测评工具 | 具体内容 |
|---|---|
| 丹尼森组织文化模型 | 丹尼森组织文化模型是由瑞士洛桑国际管理学院（IMD）的著名教授丹尼尔·丹尼森（Daniel Denison）创建的。该模型从授权员工、团队导向、能力发展、核心价值观、协调与调整、推动改革等维度进行文化测评，是衡量组织文化最有效、最实用的模型之一。它总结出组织文化具有下列四个特性<br>① 参与性。涉及员工的工作能力、主人翁精神和责任感的培养。企业在这一文化特征上的得分，反映了企业对培养员工、与员工进行沟通，以及使员工参与并承担工作的重视程度<br>② 一致性。用以衡量企业是否拥有一个强大且富有凝聚力的内部文化<br>③ 适应性。主要是指企业对外部环境（包括客户和市场）中的各种信号迅速做出反应的能力<br>④ 使命性。用于判断企业是一味注重眼前利益，还是着眼于制定系统的行动计划 |

续表

| 测评工具 | 具体内容 |
|---|---|
| 查特曼企业价值观 OCP 量表 | 美国加州大学的珍妮弗·查特曼教授从契合度的途径入手，研究了人与企业之间的契合度对个体有效性产生的影响，构建了 OCP 量表（Organizational Culture Profile, OCP），用于测量企业价值观<br>查特曼 OCP 量表可以区分出进取心（Aggressiveness）、稳定性（Stability）、革新性（Innovation）、结果导向（Result Orientation）、注重细节（Detail Orientation）、尊重员工（Respect for People）和团队导向（Team Orientation）七个企业文化维度，并进行有效测量 |
| 组织文化评价 OCAI 量表 | 组织文化评价量表（OCAI）是由美国密歇根大学商学院的罗伯特·E.奎因（Robert E.Quinn）教授和凯斯西保留地大学商学院的金·S.卡梅隆（Kim S.Cameron）教授在长期研究组织文化的基础上，开发出来的测量组织文化的量表 |
| 组织气氛测评 | 组织气氛测评是通过问卷来使人们了解组织气氛或工作环境，以及组织气氛是如何产生又是怎样对人们的工作产生影响的<br>（1）组织气氛的维度<br>① 进取性。建立进取的文化，追求卓越的精神与导向<br>② 责任性。建立自主性的工作流程，鼓励承担责任，建立适度的风险容忍机制<br>③ 明确性。建立企业愿景、方向与目标，明确组织对岗位的目标与期望<br>④ 灵活性。建立官僚最小化的流程，鼓励创新<br>⑤ 奖励性。建立绩效导向，加强认可与表扬，赏罚分明，令行禁止<br>⑥ 凝聚性。通过团队活动、工作环境、人际互助关系等树立合作与奉献精神，通过营造外部竞争与庆贺胜利等方式营造团队自豪感<br>（2）组织气氛的测度与诊断辅导<br>包括问卷测度与分析、诊断与建议、跟踪与改进 |
| 员工满意度调查 | 员工满意度调查（Employees Satisfaction Survey）是一种科学的管理工具，通常以调查问卷等形式收集员工对企业各方面的满意程度，其主要功能有以下五项<br>① 通过"员工满意度调查"这个行为，企业向员工表示对其的重视<br>② 搭建一个新的沟通平台，为更多真实的信息铺设一个反馈的渠道<br>③ 有重点地系统了解员工对企业各个方面的满意程度和意见<br>④ 明确企业最需要解决的相关问题及管理的重点<br>⑤ 检测企业重要的管理举措在员工之间的反应 |

## 8.2.2 调研问卷：丹尼森组织文化分析调查问卷

丹尼森组织文化分析可以广泛应用于各种企业、团队和个人。企业文化部门通过运用丹尼森组织文化分析,可以把企业内某部门的文化分别与较好的或者较差的部门文化进行对比,以明确组织在文化建设上的优势和不足;可以有针对性地对某个部门的员工进行考察,以了解该部门内的亚文化;可以更好地为企业发展和企业文化变革提供决策依据等。

丹尼森组织文化分析调查问卷共有 60 道陈述题。这些题目从不同的角度描述了企业文化的各个方面以及机构的运作方式。回答问卷时,只需要就每一条陈述说明同意或不同意的程度。在回答问题时,需要对被调查者所在的企业做出总体评估,以正常状况为评估基础即可,如表 8-2 所示。

**表 8-2　丹尼森组织文化分析调查问卷范例**

如果问题准确描述了您所在企业的正常状况,您就应当表明赞成该项陈述。如果陈述未能准确描述您所在企业的正常状况,您就应当表示不赞成。如果您难以决定在两种答案中应当选择哪一种,请选择最接近企业状况的答案。如果您觉得对陈述既不赞成也没有异议,则应当选择中性的回答。如果某项陈述题与您无关,可以不回答。具体得分如下表所示

| 问题回答 | 强烈不赞同 | 不赞同 | 中立 | 赞同 | 强烈赞同 | 不使用 |
| --- | --- | --- | --- | --- | --- | --- |
| 得分 | 1 | 2 | 3 | 4 | 5 | 0 |

问题:在本公司
① 大多数员工积极投入自己的工作(　　)
② 通常在可获得最佳信息的层面做出决策(　　)
③ 信息广泛共享,每个人都可以在需要时获得所需的信息(　　)
④ 每个人都相信自己能够产生积极的影响(　　)
⑤ 业务规划具有持续性,并且让每个人都能参与其中(　　)
⑥ 积极鼓励组织内不同部门之间进行合作(　　)
⑦ 员工彼此进行广泛合作(　　)
⑧ 利用团队结构而不是等级结构来完成工作(　　)
⑨ 团队是我们的主要基石(　　)
⑩ 工作的组织方式使每个人都能了解本职工作与组织目标之间的关系(　　)
⑪ 员工被授予权利,可以自己进行决策(　　)
⑫ 储备实力(员工的能力)不断得到改善(　　)
⑬ 对员工的技能不断进行投资(　　)
⑭ 员工的能力被视作竞争优势的重要来源(　　)
⑮ 由于我们不具备完成工作所需的技能,因此时常出现问题(　　)
⑯ 领导和管理者能够信守诺言(　　)
⑰ 具有独特的管理风格和管理方法(　　)
⑱ 明确、一致的价值观指导着我们的经营方式(　　)
⑲ 忽略核心价值观会使你陷入困境(　　)
⑳ 有道德准则指导着我们的行为,使我们明辨是非(　　)
㉑ 出现分歧时,我们尽全力找到双赢的解决方案(　　)

续表

㉒ 组织拥有一种强有力的文化（　　）
㉓ 即使遇到难题，我们也总能达成一致意见（　　）
㉔ 在关键问题上我们经常难以达成一致意见（　　）
㉕ 员工们对正确和错误的行为方式有着明确一致的看法（　　）
㉖ 我们的经营方式具有一贯性和可预测性（　　）
㉗ 来自不同部门的员工具有共同的目标（　　）
㉘ 协调不同部门之间的项目并不困难（　　）
㉙ 与不同部门的员工进行合作同与来自不同组织的员工合作一样困难（　　）
㉚ 组织内各阶层的目标协调一致（　　）
㉛ 工作方式十分灵活，容易进行改变（　　）
㉜ 我们善于应对竞争对手以及业务环境中的其他变化（　　）
㉝ 我们不断采纳新的先进工作方法（　　）
㉞ 改革尝试通常会遇到阻力（　　）
㉟ 不同部门经常相互合作，实施改革（　　）
㊱ 客户的意见和建议常常带来变革（　　）
㊲ 客户的意见直接影响着我们的决策（　　）
㊳ 所有员工都对客户的愿望和需求有着深入了解（　　）
㊴ 我们在做出决策时经常无视客户的利益（　　）
㊵ 我们鼓励员工与客户直接接触（　　）
㊶ 我们将失败视作学习和改善的机会（　　）
㊷ 我们鼓励、奖励创新和敢于承担风险（　　）
㊸ 很多事情不了了之（　　）
㊹ 学习是我们日常工作的一个重要目标（　　）
㊺ 我们确保部门之间互通信息（　　）
㊻ 我们制定了长期目标和发展方向（　　）
㊼ 我们的战略迫使其他组织改变其在本行业的竞争方式（　　）
㊽ 企业确立了明确的使命，为我们的工作提供指导和方针（　　）
㊾ 我们制定了明确的未来发展战略（　　）
㊿ 我我不了解企业的战略发展方向（　　）
51 员工普遍认同组织的发展目标（　　）
52 领导者制定的目标既雄心勃勃又切合实际（　　）
53 领导层已公开阐明了我们要努力实现的目标（　　）
54 我们不断跟踪既定目标的实现进度（　　）
55 员工都了解取得长期成功所需做出的努力（　　）
56 我们对组织的未来前景达成了共识（　　）
57 领导者具有长期发展的眼光（　　）
58 短期思维经常会影响到我们的长期愿景（　　）
59 我们的愿景使员工精神振奋，工作积极主动（　　）
60 我们既能够达到短期要求，同时又不会影响长期目标的实现（　　）

## 8.2.3 测评量表：组织文化评价OCAI量表

金·S.卡梅隆（Kim S.Cameron）和罗伯特·E.奎因（Robert E.Quinn）在《诊断和改变企业文化：基于竞争价值理论模型》中提出了一系列在组织文化评价量表（Organizational Culture Assessment Instrument，OCAI）中出现的问题。

接受测试者完成一份问卷，通常需要5~10分钟，通过分析对这24道题目的认可程度，来评估他们对组织当前的看法和期望。该量表具有扎实的理论基础和沉淀，在国内外经过了大量的实证检验，目前已经成为企业文化研究领域中最具影响力的量表之一。

表8-3是组织文化评价OCAI量表：7为非常适合，1为完全不适合，其他介于两者之间。请在你在认为合适的程度上划"√"。

表 8-3 组织文化评价 OCAI 量表

| 序号 | 问题 | 你认为该描述符合所在组织的程度 |
|---|---|---|
| 1 | 组织的主要特征 | |
| 1.1 | 组织是一个人性化的地方，就像是家庭的延伸，人们不分彼此 | 7 6 5 4 3 2 1 |
| 1.2 | 组织具有很高的活性和创业精神，人们勇于冒险和承担责任 | 7 6 5 4 3 2 1 |
| 1.3 | 组织的功利性很强。人们主要的想法是完成工作，员工的能力很强，并且期望成功 | 7 6 5 4 3 2 1 |
| 1.4 | 组织被严格地控制，且纪律严明，人们按照规章制度办事 | 7 6 5 4 3 2 1 |
| 2 | 组织的领导能力 | |
| 2.1 | 组织的领导通常被视为体现了导师、推动者或培育者的作用 | 7 6 5 4 3 2 1 |
| 2.2 | 组织的领导风格主要是创业、创新和尝试冒险 | 7 6 5 4 3 2 1 |
| 2.3 | 组织的领导风格是"没有废话"，具有进取性和高功利性 | 7 6 5 4 3 2 1 |
| 2.4 | 组织的领导风格是有条理、有组织性、运作流畅且高效率 | 7 6 5 4 3 2 1 |
| 3 | 员工的管理 | |
| 3.1 | 管理风格是团队合作、少数服从多数，以及参与性强 | 7 6 5 4 3 2 1 |
| 3.2 | 管理风格是个人英雄主义、喜欢冒险、勇于创新、崇尚自由和展现自我 | 7 6 5 4 3 2 1 |

续表

| 序号 | 问题 | 你认为该描述符合所在组织的程度 |
|---|---|---|
| 3.3 | 管理风格具有很强的竞争性，要求和标准都非常严格 | 7 6 5 4 3 2 1 |
| 3.4 | 管理风格主要是确保雇佣关系，人们的关系是可以预见、稳定和一致的 | 7 6 5 4 3 2 1 |
| 4 | 组织的黏合力 | |
| 4.1 | 组织靠忠诚、互信黏合在一起，人们具有承担义务的责任感 | 7 6 5 4 3 2 1 |
| 4.2 | 人们靠创新和发展黏合在一起，走在时代的前端是重点 | 7 6 5 4 3 2 1 |
| 4.3 | 成功和完成目标把人们联系在一起，进取和取得胜利是共同的目标 | 7 6 5 4 3 2 1 |
| 4.4 | 人们靠正规的制度和政策在一起工作，维持一个顺畅运作的组织是非常重要的 | 7 6 5 4 3 2 1 |
| 5 | 组织的战略重点 | |
| 5.1 | 组织重视人力资源发展、互信、开诚布公，以及员工持续的参与 | 7 6 5 4 3 2 1 |
| 5.2 | 组织主要寻求新的资源和迎接新的挑战，尝试新的事物和寻求机遇是员工价值的体现 | 7 6 5 4 3 2 1 |
| 5.3 | 组织追求竞争和成功，打击对手和在市场中取得胜利是组织的主要战略 | 7 6 5 4 3 2 1 |
| 5.4 | 组织希望看到持久和稳定，效率和顺畅的运作是工作重点 | 7 6 5 4 3 2 1 |
| 6 | 成功的标准 | |
| 6.1 | 组织对成功的定义为人力资源、团队合作、员工的贡献和对员工关怀上的成功 | 7 6 5 4 3 2 1 |
| 6.2 | 组织对成功的定义是组织是否具有最特别和最新的产品，组织是否是产品的领导者和创新者 | 7 6 5 4 3 2 1 |
| 6.3 | 组织对成功的定义是赢得市场份额并且打败对手，成为市场的领导者 | 7 6 5 4 3 2 1 |
| 6.4 | 组织视效率为成功的基础，相互传递、平稳的工作安排和低成本是至关重要的 | 7 6 5 4 3 2 1 |

运用OCAI量表评价企业文化建设，突出的优点在于为企业管理团队提供了一个直观、便捷的测量工具，而且在企业文化变革等方面也表现出较高的实用价值。

### 8.2.4 调查问卷：员工如何看待企业文化

该问卷调查的目的是保证企业的基业，加强文化的进一步建设，调查结果作为评价及改善企业文化管理工作的依据。企业对问卷调查的信息只做统计使用并严格保密，如表8-4所示。

**表8-4 员工如何看待企业文化调查问卷范例**

（1）调查问卷说明
① 本次调查采用不记名的方式进行
② 本调查问卷表的调查内容共有46道题目，每道题满分10分，请按照每道题符合本企业实际情况的程度打分
③ 分数设置示例（请依据题干描述的内容与您现实相符的不同程度进行选择，如果特别相符即选择10分；如果从来没有过即选择0分；如果介于两者之间,则根据程度不同进行选择；打"√"）
□0 □1 □2 □3 □4 □5 □6 □7 □8 □9 □10
（2）员工个人基本信息（请在符合您个人信息的选项上打"√"）
① 您的性别是
□男 □女
② 您的年龄是
□20～25岁 □26～30岁 □31～35岁 □36～40岁 □40岁以上
③ 您的学历是
□专科以下 □大学专科 □大学本科 □硕士 □博士 □其他
④ 您所在的部门是
□生产部 □工程部 □品质部 □设备部 □财务部 □销售部 □人事部 □采购部
□市场部 □其他部门
⑤ 您的职务是
□研发 □管理（包括管理人员、行政、人力资源、财务等） □营销 □客户服务
⑥ 您在企业的工作年限是
□少于1年 □1～2年 □2～5年 □5～10年 □10年以上
（3）具体调查内容
① 企业有自己明确的价值观，明确规定管理规则和员工的行为规范
□0 □1 □2 □3 □4 □5 □6 □7 □8 □9 □10
② 企业有明确的社会使命感并且该使命感能够激励人心
□0 □1 □2 □3 □4 □5 □6 □7 □8 □9 □10
③ 企业工作体现了团队的合作精神
□0 □1 □2 □3 □4 □5 □6 □7 □8 □9 □10
④ 企业鼓励并支持创新
□0 □1 □2 □3 □4 □5 □6 □7 □8 □9 □10

续表

⑤ 企业对未来有清晰的远景目标和战略规划
☐0 ☐1 ☐2 ☐3 ☐4 ☐5 ☐6 ☐7 ☐8 ☐9 ☐10

⑥ 企业有明确的和可操作性的战略实施流程，并努力付诸实施
☐0 ☐1 ☐2 ☐3 ☐4 ☐5 ☐6 ☐7 ☐8 ☐9 ☐10

⑦ 企业的战略计划及相关的行动计划由核心成员出席的集体会议共同制定，而不是某个人
☐0 ☐1 ☐2 ☐3 ☐4 ☐5 ☐6 ☐7 ☐8 ☐9 ☐10

⑧ 企业有专门的机构负责本企业的战略实施
☐0 ☐1 ☐2 ☐3 ☐4 ☐5 ☐6 ☐7 ☐8 ☐9 ☐10

⑨ 在企业中，企业的管理人员经常谈论企业的发展模式和行为方式
☐0 ☐1 ☐2 ☐3 ☐4 ☐5 ☐6 ☐7 ☐8 ☐9 ☐10

⑩ 企业将自己的企业精神、发展宗旨、行为准则、规章制度等广为宣传，大力鼓励、支持全体员工遵守和贯彻执行，使之付诸日常工作和生活中
☐0 ☐1 ☐2 ☐3 ☐4 ☐5 ☐6 ☐7 ☐8 ☐9 ☐10

⑪ 工作上的决策由真正做这项工作的人做出，尽可能共享信息，进行相互交流，避免组织结构重叠、效率低下
☐0 ☐1 ☐2 ☐3 ☐4 ☐5 ☐6 ☐7 ☐8 ☐9 ☐10

⑫ 企业的管理制度健全，并且都能够得到有效执行
☐0 ☐1 ☐2 ☐3 ☐4 ☐5 ☐6 ☐7 ☐8 ☐9 ☐10

⑬ 企业的管理制度和企业的发展相一致，科学合理
☐0 ☐1 ☐2 ☐3 ☐4 ☐5 ☐6 ☐7 ☐8 ☐9 ☐10

⑭ 企业的管理制度有相当的弹性，能留给管理人员个人能力表现的空间
☐0 ☐1 ☐2 ☐3 ☐4 ☐5 ☐6 ☐7 ☐8 ☐9 ☐10

⑮ 企业业务流程清晰，每一件工作都会有人来处理，不会出现相互推诿的现象
☐0 ☐1 ☐2 ☐3 ☐4 ☐5 ☐6 ☐7 ☐8 ☐9 ☐10

⑯ 企业的绩效评估往往能够反映出员工的真正成绩
☐0 ☐1 ☐2 ☐3 ☐4 ☐5 ☐6 ☐7 ☐8 ☐9 ☐10

⑰ 企业的薪酬能够反映出员工的实际能力
☐0 ☐1 ☐2 ☐3 ☐4 ☐5 ☐6 ☐7 ☐8 ☐9 ☐10

⑱ 企业为员工提供良好的福利待遇
☐0 ☐1 ☐2 ☐3 ☐4 ☐5 ☐6 ☐7 ☐8 ☐9 ☐10

⑲ 企业内部机制或程序能够确保内部成员与外部世界之间的信息交流畅通无阻
☐0 ☐1 ☐2 ☐3 ☐4 ☐5 ☐6 ☐7 ☐8 ☐9 ☐10

⑳ 企业核心团队能以身作则，用实际行动体现核心价值观
☐0 ☐1 ☐2 ☐3 ☐4 ☐5 ☐6 ☐7 ☐8 ☐9 ☐10

㉑ 企业的信息渠道畅通，领导可以很快知道基层所发生的事，基层也能很快知道领导层的决策
☐0 ☐1 ☐2 ☐3 ☐4 ☐5 ☐6 ☐7 ☐8 ☐9 ☐10

续表

㉒ 企业领导为人处事很公平，不会有太多个人主观意见
□0 □1 □2 □3 □4 □5 □6 □7 □8 □9 □10

㉓ 领导的工作很有成绩并令人鼓舞
□0 □1 □2 □3 □4 □5 □6 □7 □8 □9 □10

㉔ 您的领导能够很亲切地跟员工进行交谈
□0 □1 □2 □3 □4 □5 □6 □7 □8 □9 □10

㉕ 领导没有官僚作风
□0 □1 □2 □3 □4 □5 □6 □7 □8 □9 □10

㉖ 您和同事相处很融洽
□0 □1 □2 □3 □4 □5 □6 □7 □8 □9 □10

㉗ 人们只是因为工作而发生冲突，并不是个人之间的矛盾
□0 □1 □2 □3 □4 □5 □6 □7 □8 □9 □10

㉘ 您对企业所提供的工作环境很满意
□0 □1 □2 □3 □4 □5 □6 □7 □8 □9 □10

㉙ 您愿意长期留在企业工作并愿意与企业共进退
□0 □1 □2 □3 □4 □5 □6 □7 □8 □9 □10

㉚ 您在工作或生活中遇到的难题会主动提出来与同事、上级探讨
□0 □1 □2 □3 □4 □5 □6 □7 □8 □9 □10

㉛ 企业适时组织同事出游或举办文体活动
□0 □1 □2 □3 □4 □5 □6 □7 □8 □9 □10

㉜ 您的工作能够得到别人的认可
□0 □1 □2 □3 □4 □5 □6 □7 □8 □9 □10

㉝ 目前的工作能体现自己的价值，发挥自己的潜能
□0 □1 □2 □3 □4 □5 □6 □7 □8 □9 □10

㉞ 企业为员工提供充足的学习机会
□0 □1 □2 □3 □4 □5 □6 □7 □8 □9 □10

㉟ 企业提供了较多的发展空间
□0 □1 □2 □3 □4 □5 □6 □7 □8 □9 □10

㊱ 员工的提拔或升迁是由员工的实际能力决定的
□0 □1 □2 □3 □4 □5 □6 □7 □8 □9 □10

㊲ 如果您有对企业发展有用的建议，可以提出来并可以很快得到回答；如果您对企业有不满的地方也可以有受理的部门，并且很快得到解决
□0 □1 □2 □3 □4 □5 □6 □7 □8 □9 □10

㊳ 企业将有关自己定位的信息通过市场营销、广告或其他方式向外传播
□0 □1 □2 □3 □4 □5 □6 □7 □8 □9 □10

㊴ 企业对外传播的网络健全，保持和新闻媒体的联系，有适当的形象发布和形象宣传以及相关的公关活动来推动企业的形象建设
□0 □1 □2 □3 □4 □5 □6 □7 □8 □9 □10

| | 续表 |
|---|---|
| ㊵ 企业在公关活动中，很注意对自己形象的宣传<br>□0 □1 □2 □3 □4 □5 □6 □7 □8 □9 □10 | |
| ㊶ 在产品宣传中，企业更注重对产品内涵的宣传，以增加其附加值<br>□0 □1 □2 □3 □4 □5 □6 □7 □8 □9 □10 | |
| ㊷ 企业从投资者的长远利益出发，为投资者提供合理的回报<br>□0 □1 □2 □3 □4 □5 □6 □7 □8 □9 □10 | |
| ㊸ 企业有自己的企业标识、标准字、标准色、标准的公文纸，信封、交通工具上都有企业的标识<br>□0 □1 □2 □3 □4 □5 □6 □7 □8 □9 □10 | |
| ㊹ 企业能够及时有效地解决客户和消费者问题<br>□0 □1 □2 □3 □4 □5 □6 □7 □8 □9 □10 | |
| ㊺ 企业有以客户和消费者为导向的经营管理制度和流程<br>□0 □1 □2 □3 □4 □5 □6 □7 □8 □9 □10 | |
| ㊻ 企业通过各种措施来提高客户的满意度<br>□0 □1 □2 □3 □4 □5 □6 □7 □8 □9 □10 | |

## 8.2.5 制度范例：员工满意度管理办法

表8-5是员工满意度管理办法范例的调整和优化版，供读者参考。

表8-5 员工满意度管理办法范例

| 章节 | 内容 |
|---|---|
| 第1章<br>总则 | 第1条 目的<br>为了实现对公司管理进行全面审查，减少和解决生产率低、能耗高及人员流动率高等问题，确保公司工作效率和经济效益的提高，特制定本办法<br>第2条 工作职责<br>企业文化部负责员工满意度信息的收集、分析和整理，其他部门配合执行 |
| 第2章<br>调查<br>实施 | 第3条 调查实施时机<br>① 员工满意度调查活动每年不少于两次，一般安排在每年6月和12月进行<br>② 当下列情况发生时，可组织安排员工满意度调查<br>a. 组织结构发生变化时<br>b. 员工变动频繁、流动率大时<br>c. 员工不停地抱怨企业和管理人员，工作效率降低时<br>d. 其他认为有调查需要的情况发生时<br>第4条 调查组织实施<br>企业文化部负责制定员工满意度通知，经公司相关领导审核批准后，企业文化部应按时进行调查并对调查信息进行搜集、整理和妥善保管 |

续表

| 章节 | 内容 |
|---|---|
| 第3章 调查结果分析及反馈 | 第5条 调查结果分析<br>① 企业文化部负责编制员工满意度分析报告，编制人员负责对员工满意度调查的各种信息进行归类、统计、分析、判断和讨论，形成具有集体意见的员工满意度分析报告<br>② 员工满意度分析报告的内容至少应包括调查工作的背景、调查工作的时间和对象、调查方式方法、原始信息统计、归类分析、改善建议、整改要求等内容<br>③ 员工满意度分析报告的编制工作应在信息收集后____天内完成<br>④ 员工满意度分析报告需经总经理批准后方可发布<br>第6条 调查结果反馈<br>员工满意度调查的信息经分析整理后，公司应将其相关信息在公司内部发布，信息发布的方式包括邮件、书面、公告栏张贴、会议等 |
| 第4章 附则 | 第7条 本办法由企业文化部制定，经总经理审核后实施，修改亦同<br>第8条 本办法的最终解释权归公司企业文化部，自颁布之日起实施 |
| 起草人 | 审核人　　　　　　审批人 |

## 8.3 企业文化目标管理与考核评价实施

管理大师彼得·德鲁克于1954年提出了目标管理（Management by Objectives，MBO）。目标管理指的是企业明确提出在一定时期内期望达到的战略性目标，然后由各部门和全体员工根据战略目标确定各自的分项目标和个人目标，并采取各种方法使各分目标实现的一种管理方法。其中，战略性目标、分项目标和个人目标左右相连、上下一贯、彼此制约，融汇成目标管理体系，形成了一个目标链。

企业文化目标管理是企业文化管理部门根据企业文化管理要实现的总目标要求，由企业内各部门和员工根据总目标确定各自的分目标，并在获得适当资源配置和授权的前提下积极、主动开展工作，从而使文化管理的总目标得以实现，最终把目标完成情况作为企业文化考核依据的管理模式。企业文化目标分解落实如图8-5所示。

企业文化目标管理与考核评价应用要设定周期，明确主体，并预先在员工参与的基础上制定好考核评价的内容，设计好指标体系。

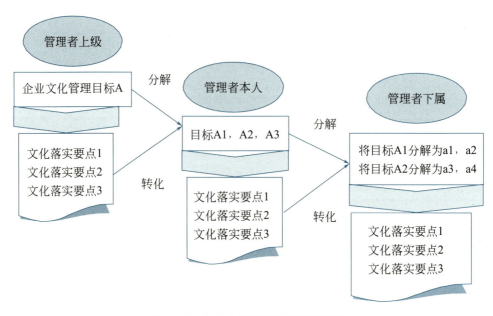

图 8-5　企业文化目标分解落实示意

## 8.3.1　企业文化考核评价周期与主体管理

企业文化考核评价周期可以与企业绩效考核周期保持一致，或者作为绩效考核的一部分，一般也分为月度考核、季度考核、年度考核。考核主体也可以分为直接上级考核、下属考核、同事考核等不同人群。考核周期是指企业每实施一次考核所间隔的时间。通常企业在设定绩效考核周期时，需要考虑以下四个重要因素，如图8-6所示。

图 8-6　确定考核周期需要考虑的因素

企业只有综合考虑到各类因素，才能设计出符合企业实际情况的企业文化管理考核周期和主体，也才能真正看到企业文化发挥的效果。

(1）基于考核目的确定考核周期

考核的目的通常有薪酬发放、评优奖励、能力开发与调动配置、企业治理综合效益等。每种目的的考核周期确定如图8-7所示。

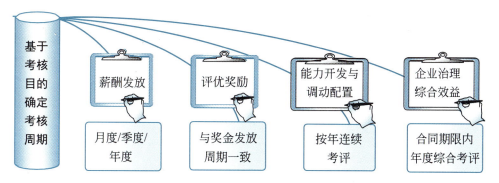

图 8-7　基于考核目的确定考核周期

(2）基于行业特点确定考核周期

行业特点也是考核周期确定必须考虑的影响因素之一。不同的行业存在着不同的业务淡旺季或者业务结算周期，企业可依据相应阶段的特点及工作执行情况开展绩效考核。

(3）基于职务特点确定考核周期

企业内不同职务担任的工作内容不同，有些职务的工作内容是循环性的，短期内就能得到绩效结果。这类岗位适合采用短期的考核，如普通员工可采用月度考核、季度考核等。而企业高管人员的工作业绩，通常用长期经营结果来衡量，因而多以年度作为考核周期。

(4）基于考核主体确定考核周期

依据考核周期不同，不同的被考核对象对应不同的考核主体，如表8-6所示。

表 8-6　不同的被考核对象对应不同的考核主体

| 考核对象 | 月度考核 | 季度考核 | 年度考核 |
| --- | --- | --- | --- |
| 高层管理者 | — | — | 绩效考核委员会 |
| 副总级和各事业部总监 | — | 绩效考核委员会 | 绩效考核委员会、同事、下属 |
| 各部门负责人 | — | 直接上级 | 直接上级、同事、下属 |
| 其他员工 | 直接上级 | 直接上级 | 直接上级、同事 |

## 8.3.2 企业文化考核评价内容与指标设计

企业文化本身就很虚了，如果考核不能指标化、不能量化，不是就更虚了吗？企业文化考核到底考什么？企业文化考核的指标如何设计？这些问题可能一直在困扰着企业文化主管。其实，企业文化考核与绩效考核有一些相通之处和相融之处。

企业文化考核指标设计得科学与否将对企业文化管理考核结果产生直接影响。我们先来了解一下考核指标的类型划分。一般而言，考核指标主要包括三种类型，即特征性指标、行为性（过程）指标和结果性（效果）指标，如表8-7所示。

表8-7 绩效考核指标的三种类型及其说明

| 类型 | 具体说明 |
| --- | --- |
| 特征性指标 | ① 这类指标主要考量员工是怎样的人，侧重点是员工的个人特质，如忠诚度、可靠性、沟通能力和领导技巧等，是最常用来作为考评绩效的特征，说明了员工的类型和具备的潜质<br>② 运用这类指标可以对员工的性格特征和心理品质等潜能作出较为全面而准确的测量和评定<br>③ 这类指标并不是非常有效的绩效衡量指标，因为人格特征与工作绩效并没有直接关系 |
| 行为性（过程）指标 | ① 这类指标反映员工在劳动过程中的行为表现，侧重于考核员工如何执行上级指令完成任务<br>② 这类指标对人际接触和交往频繁的工作岗位尤其重要<br>③ 公司将期望的行为一一列出，经过多次优选，最终确定可作为员工绩效考评的指标 |
| 结果性（效果）指标 | ① 无论是组织的还是个人的绩效总是以一定形式的实际产出结果表现出来，无论这些结果是物质性的成果还是精神性的成果，都是可以采用一定生产技术经济指标进行衡量和评定的。结果性指标是潜在的劳动结果，是劳动的固化和凝结<br>② 这类指标侧重于考量员工完成哪些工作任务或生产了哪些产品，其工作成效如何等<br>③ 这类指标的常见问题是一些质化的指标比较难以量化 |

就企业文化考核评价内容而言，一个基本的思路就是按照企业文化定位→企业文化建设→企业文化管理效果，这样一个先后的流程来设计。

### 8.3.2.1 企业文化定位考核指标设计

企业文化定位考核指标包括愿景、使命、价值观、运营理念和组织定位宣传等，详见表8-8。

表 8-8 企业文化定位考核指标量表

| 考核指标 | 评估标准 | 得分 | 评论 |
|---|---|---|---|
| 愿景 | 组织对未来3～20年业务发展成什么样、会有什么样的外部影响力，有着清晰的愿景目标 | | |
| 使命 | 组织对于自身存在的核心原因的表述 | | |
| 价值观 | 组织明确规定了一整套运作规则和成员行为规范。规定一旦发布，就应该成为该组织成员的行事原则 | | |
| 运营理念 | 组织明确了有助于推行企业文化的关键因素，以便于更好地实现组织战略；一旦确定了这些关键因素，就可以利用现有条件，激活并强化这些关键因素 | | |
| 组织定位宣传 | 组织已将有关自身定位的信息通过市场营销、广告或其他方式向外传播 | | |

#### 8.3.2.2 企业文化建设考核指标设计

企业文化建设考核指标包括愿景目标、客户/品质和全球观等，如表8-9所示。

表 8-9 企业文化建设考核指标量表

| 考核指标 | 评价尺度 | | | | | 上级评分 | 下属评分 | 同级评分 |
|---|---|---|---|---|---|---|---|---|
| | 非常优异 | 优秀 | 值得赞扬 | 合理 | 较差 | | | |
| 愿景目标 | | | | | | | | |
| 客户/品质 | | | | | | | | |
| 正直 | | | | | | | | |
| 负责 | | | | | | | | |
| 沟通和影响力 | | | | | | | | |
| 资源共享/无障碍 | | | | | | | | |
| 授权 | | | | | | | | |
| 知识/专业/智慧 | | | | | | | | |
| 主动性/速度 | | | | | | | | |
| 全球观 | | | | | | | | |

#### 8.3.2.3 企业文化管理效果考核指标设计

企业文化管理效果考核指标设计可以通过与企业经营业绩的对比分析得出。一般而言，重视企业文化的公司与不重视企业文化的公司相比，可以从表8-10中的四个指标中得出明显的对比效果。

表8-10 重视企业文化的公司与其经营业绩的关系指标设计

| 序号 | 财务策略 | 重视企业文化公司的标准 | 企业文化与经营业绩的关系指标 |
|---|---|---|---|
| 1 | 增加收入 | 扩大产品和服务种类，开拓新市场和客户，改变业务组合提高附加值，对产品和服务重新定价 | 总收入平均增长率 |
| 2 | 降低成本 | 降低产品和服务的直接成本，减少间接成本，与其他业务单位共享资源 | 公司净收入增长率 |
| 3 | 增值保值 | 提高资产利用率，降低支持现有业务或业务组合所需的运营资金水平，或利用剩余产能发展新业务，提高稀有资源的使用效率 | 公司股票价格增长率 |
| 4 | 控制风险 | 平衡风险与报酬率，如风险储备金，即为避免单一收入来源的风险，可考虑增加收入来源或收入储备（服务性收费、预约或储备客户） | 员工增长率等 |

## 8.3.3 制度范例：企业文化建设评价实施办法

表8-11是企业文化建设评价实施办法范例的调整和优化版，供读者参考。

表8-11 企业文化建设评价实施办法范例

| 章节 | 内容 |
|---|---|
| 第1章 总则 | 第1条 考核评价的目的<br>为了进一步了解××集团公司各子公司、下属单位对××企业文化的认同度和员工的参与度，并准确评估企业文化建设的成效，即认知、认同和实践，及其企业治理水平，深入分析和查找××企业文化在建设中存在的主要问题，进一步总结经验，××集团公司企业文化部特出台此制度<br>第2条 考核评价的原则<br>坚持定量指标与定性指标相结合、行为过程考核与结果效果考核相统一、基本要素和应用要素相兼顾、单项检查与整体评价相照应的原则，建立实事求是、科学有效、衡量准确、动态管理的企业文化考核评价体系<br>第3条 考核评价的范围<br>××集团公司控股子公司、集团直属单位、××本部分矿和分厂 |

续表

| 章节 | 内容 |
|---|---|
| 第2章 考核评价的内容及方式 | 第4条 考核评价的内容与占比<br>每次考核评价主要从理念、行为、管理及环境四个方面进行，权重占比分别为20%、35%、30%、15%<br>第5条 考核评价的方式<br>考核评价的方式分为听取工作汇报、访谈座谈、问卷调查和现场观察四种方式<br>① 听取单位企业文化建设工作汇报<br>② 召开座谈会，与相关人员座谈，主动到各部门、各岗位走访<br>③ 进行问卷调查，设计问卷、发放问卷、回收问卷和统计分析，并输出××年度××集团企业文化建设成效分析报告。<br>④ 考核评价人员亲自到现场拍照、记录，获取第一手资料 |
| 第3章 评选范围 | 第6条 参选范围<br>根据考核评价情况，评出企业文化建设工作先进单位、先进部（处）室、先进集体和先进个人<br>① 先进单位评选范围包括子公司、子公司下属一级单位、集团直属单位<br>② 先进集体评选范围包括区队、车间、科室等。先进集体及先进个人由各子公司、直属单位、集团公司机关按名额推荐<br>第7条 排除范围<br>不能全面完成年度经营目标责任书规定的各项生产经营任务指标的单位，不得参加本年度企业文化建设工作先进单位的评选 |
| 第4章 考评组织与步骤 | 第8条 考评组织<br>企业文化建设考评工作在××集团企业文化建设工作委员会的统一领导下进行，具体由党委宣传部和董事会秘书处牵头，委员会各成员单位参加，对各单位企业文化建设情况进行考评<br>第9条 考评步骤<br>考评步骤分为三个阶段，即各单位提供总结材料阶段、现场考察评估阶段、审定阶段<br>① 各单位提供总结材料阶段：××××年××月××~××日，各子公司、子公司下属一级单位、直属单位提交企业文化建设工作总结，字数不少于2000字<br>② 现场考察评估阶段：××××年××月××~××日，对各单位进行现场察看、问卷调查、访谈评估<br>③ 审定阶段：××××年××月××~××日，对全部考评过程进行综合，以书面形式提出考评意见，报企业文化建设工作委员会审定 |

续表

| 章节 | 内容 |
|---|---|
| 第5章 其他 要求 | ① 各单位要认真组织，准备好基础数据和相关资料，以备查阅<br>② 考核评价坚持公平、公正守则，如若发现违规操作，将严肃处理，追究相关人员责任<br>③ 企业文化建设工作委员会成员单位要密切配合，搞好协作，高质量完成考评任务 |
| 起草人 | 审核人　　　　审批人 |

## 8.3.4　实践范例：企业文化建设成效考核管理规定

表8-12是企业文化建设成效考核管理规定范例的调整和优化版，供读者参考。

表8-12　企业文化建设成效考核管理规定范例

| 章节 | 内容 |
|---|---|
| 第1章 总则 | 第1条　为做好集团公司企业文化建设的考核评价工作，促进企业文化建设水平的提升，根据《集团有限公司企业文化建设管理制度（试行）》，特制定本规定<br>第2条　集团公司企业文化建设考核评价基本原则<br>① 客观公正原则。要客观、公正地反映企业文化建设现状，实事求是地对企业文化建设进行考核评价<br>② 企业自评与集团检查相结合的原则。所属各二级企业每年度对企业文化建设进行自评，集团公司不定期对所属各二级企业的企业文化建设考核评价情况进行检查<br>③ 定量与定性相结合的原则。要以定量为主、定量与定性相结合的方式对企业文化建设进行考核评价<br>第3条　集团公司所属各二级企业的企业文化建设工作必须符合集团公司企业文化建设总体要求，在集团公司企业文化建设总体规划要求范围内制定本企业文化建设规划。各二级企业文化理念中的核心价值观、企业精神、工作作风必须与集团公司企业文化理念一致，其他企业文化理念可自行确定使用 |
| 第2章 考核 对象及 方式 | 第4条　考核评价对象为集团公司所属各二级企业<br>第5条　考核评价主管部门为集团公司企业文化部<br>第6条　考核评价方式如下<br>① 以所属各二级企业通过查阅资料、现场考察、问卷调查等方式进行自查自评为主，各单位每年年底将本年度企业文化建设自评报告和企业文化自评表（共三部分）报送至集团公司企业文化部 |

续表

| 章节 | 内容 |
|---|---|
| 第2章 考核对象及方式 | ② 集团公司将不定期对所属各二级企业的企业文化建设考核评价情况进行检查，开展企业文化问卷调查，了解员工认同度，提出企业文化建设合理化的建议 |
| 第3章 考核内容和计分标准 | 第7条 考核评价体系之一：企业文化建设工作评价体系（共40分），详见附表一<br>第8条 考核评价体系之二：企业文化建设状况评价体系（共30分），详见附表二<br>第9条 考核评价体系之三：企业文化建设效果评价体系（共30分），详见附表三 |
| 第4章 企业文化建设自评表及说明 | 第10条 企业文化建设工作评价体系自评表，详见附表四<br>第11条 企业文化建设状况评价体系自评表，详见附表五<br>第12条 企业文化建设效果评价体系自评表，详见附表六<br>第13条 企业文化建设自评表说明<br>① 企业文化建设自评表分为企业文化建设工作评价体系自评表、企业文化建设状况评价体系自评表、企业文化建设效果评价体系自评表三部分（总分100分）<br>② 总分在90分及以上的单位为企业文化建设工作优秀单位；总分在70(含)~90(不含)分的单位为企业文化建设工作达标单位；总分低于70分的单位为企业文化建设工作不达标单位<br>第14条 企业文化建设考评加分标准<br>① 考核年度内，获得精神文明建设先进单位称号。省部级加2分，国家级加3分<br>② 践行社会主义核心价值观，考核年度内企业员工被评为道德楷模。省部级加2分，国家级加3分<br>③ 开展特色文化活动，职工认可，并长期坚持。加2分<br>④ 文化建设取得突出成绩，得到行业认同，在省级以上平台媒体推广。省部级加2分，国家级加3分 |
| 第5章 考核结果应用 | 第15条 企业文化建设考核情况和评价结果以适当方式向被考核企业反馈。集团公司对所属各二级企业的企业文化考核评价结果纳入年度党建考核体系中，同时对考核评价结果进行通报<br>第16条 企业文化建设考核评价结果作为申报、评选先进集体等有关荣誉称号的重要依据<br>第17条 对企业文化建设工作优秀单位予以通报表扬。企业文化建设工作达标单位要对照整改，制定和落实持续改进的工作措施。对企业文化建设工作不达标的单位予以通报批评，限期整改。连续两年不达标的单位对其分管领导进行专项谈话，责令限期整改 |

续表

| 章节 | 内容 |
|---|---|
| 第6章 附则 | 第18条 本规定由集团公司企业文化部解释，修改亦同<br>第19条 本规定自印发之日起实施 |
| 起草人 | 审核人　　　　　　　审批人 |

## 附表一：企业文化建设工作评价体系

| 考核项目 | 序号 | 考核标准 | 权重（分数） |
|---|---|---|---|
| 组织保障 | 1 | 明确企业文化建设领导机构 | 1 |
| | 2 | 明确企业文化主管部门与负责人员 | 1 |
| | 3 | 有企业文化建设年度工作计划 | 1 |
| | 4 | 将企业文化建设列入党委年度工作要点 | 1 |
| | 5 | 配备专（兼）职企业文化建设工作人员 | 1 |
| | 6 | 领导定期听取工作汇报，研究解决有关重要问题 | 1 |
| | 7 | 企业文化工作人员参加业务培训 | 1 |
| | 8 | 广泛发动员工参与企业文化建设 | 1 |
| 工作指导与载体支撑 | 9 | 制定企业文化建设规划 | 2 |
| | 10 | 年度工作有落实、有检查 | 4 |
| | 11 | 组织开展课题研究或专题研讨 | 2 |
| | 12 | 开展企业文化主题活动或文明创建活动 | 4 |
| | 13 | 开展员工企业文化培训和专题教育 | 2 |
| | 14 | 充分利用企业媒体（包括报刊、网络、微信、宣传橱窗等）传播企业文化，加强阵地建设 | 4 |
| | 15 | 完善企业文化设施，及时更新内容，包括宣传橱窗、企业文化展室、职工文体活动场所等 | 4 |
| | 16 | 向集团官网、微信、内刊等投稿，做好企业形象宣传 | 4 |
| | 17 | 经费有保障并纳入预算管理 | 2 |
| 考核评价与激励措施 | 18 | 对企业文化建设工作有考核 | 2 |
| | 19 | 总结推广企业文化典型经验 | 1 |
| | 20 | 开展企业文化建设评优表彰活动 | 1 |

## 附表二：企业文化建设状况评价体系

| 考核项目 | 序号 | 考核标准 | 权重（分数） |
|---|---|---|---|
| 精神文化 | 1 | 确立企业文化理念体系 | 2 |
| | 2 | 培育和践行社会主义核心价值观 | 2 |
| 制度文化 | 3 | 企业各项规章制度健全 | 2 |
| | 4 | 企业文化理念融入企业规章制度 | 2 |
| | 5 | 建立员工岗位责任制 | 2 |
| | 6 | 印发企业文化手册（或员工手册） | 3 |
| | 7 | 制定企业文化建设相关制度 | 3 |
| 物质文化 | 8 | 按照集团VI手册要求建立视觉识别系统 | 4 |
| | 9 | 企业标识使用规范 | 4 |
| | 10 | 制定员工行为规范 | 2 |
| | 11 | 挖掘、整理、传播企业文化故事 | 4 |

## 附表三：企业文化建设效果评价体系

| 考核项目 | 序号 | 考核标准 | 权重（分数） |
|---|---|---|---|
| 企业凝聚力 | 1 | 员工对企业文化理念的认同度 | 2 |
| | 2 | 员工对企业发展战略的认知度 | 2 |
| | 3 | 员工对与本职工作相关的企业规章制度的认可度 | 2 |
| | 4 | 企业维护员工合法权益的情况 | 2 |
| | 5 | 员工对在企业中实现自身价值的满意度 | 2 |
| | 6 | 近三年企业职工到上级机关上访等群体性事件的情况 | 2 |
| 企业执行力 | 7 | 员工遵守企业规章制度的情况 | 2 |
| | 8 | 员工在工作中形成良好的行为规范和习惯 | 2 |
| | 9 | 员工爱岗敬业的精神状态 | 2 |
| | 10 | 近三年企业领导班子成员中违规、违纪的情况 | 2 |

续表

| 考核项目 | 序号 | 考核标准 | 权重（分数） |
| --- | --- | --- | --- |
| 企业形象 | 11 | 客户对企业产品或服务的满意度 | 4 |
| | 12 | 近三年企业党的建设、思想政治工作、企业文化和精神文明建设方面获得党政机关授予的全国或省部级荣誉称号 | 2 |
| | 13 | 近三年企业先进典型情况（含集体、个人） | 4 |

### 附表四：企业文化建设工作评价体系自评表

| 指标分类 | 分值 | 考评内容 | 评分标准 | 得分 |
| --- | --- | --- | --- | --- |
| 组织保障 | 1 | 明确企业文化建设领导机构 | 未明确 –1 分 | |
| | 1 | 明确企业文化主管部门与人员 | 未明确 –1 分 | |
| | 1 | 有年度企业文化建设工作安排 | 无工作安排 –1 分 | |
| | 1 | 将企业文化建设列入党委年度工作要点 | 未列入 –1 分 | |
| | 1 | 配备专（兼）职企业文化建设工作人员 | 未配备 –1 分 | |
| | 1 | 领导定期听取工作汇报、研究解决有关重要问题 | 未定期听取 –1 分 | |
| | 1 | 企业文化工作人员参加业务培训 | 未参加 –1 分 | |
| | 1 | 广泛发动员工参与企业文化建设 | 未广泛发动 –1 分 | |
| 工作指导与载体支撑 | 2 | 制定企业文化建设规划 | 未制定 –2 分 | |
| | 4 | 年度工作有计划、有落实、有检查 | 无计划 –2 分<br>未落实、未检查 –2 分 | |
| | 2 | 组织开展课题研究或专题研讨 | 未组织 –2 分 | |
| | 4 | 开展企业文化主题活动或文明创建活动 | 未开展 –4 分 | |

续表

| 指标分类 | 分值 | 考评内容 | 评分标准 | 得分 |
|---|---|---|---|---|
| 工作指导与载体支撑 | 2 | 开展员工企业文化培训、专题教育 | 未开展 –2 分 | |
| | 4 | 充分利用企业媒体（包括报刊、网络、微信、宣传橱窗等） | 未及时传播 –4 分 | |
| | 4 | 完善企业文化设施，及时更新内容（如：宣传橱窗、企业文化展室、职工文体活动场所等） | 设施不完备、更新不及时 –4 分 | |
| | 4 | 向集团官网、微信、内刊等投稿，做好企业形象宣传 | 无投稿 –4 分 | |
| | 2 | 经费有保障并纳入预算管理 | 无预算 –2 分 | |
| 考核评价与激励措施 | 2 | 对企业文化建设工作有考核 | 未考核 –2 分 | |
| | 1 | 总结推广企业文化典型经验 | 未总结推广 –1 分 | |
| | 1 | 开展企业文化建设评优表彰活动 | 未开展 –1 分 | |

## 附表五：企业文化建设状况评价体系自评表

| 指标分类 | 分值 | 考评内容 | 评分标准 | 得分 |
|---|---|---|---|---|
| 精神文化 | 2 | 确立企业文化理念体系 | 未确立 –2 分 | |
| | 2 | 培育和践行社会主义核心价值观 | 未培育和践行 –2 分 | |
| 制度文化 | 2 | 企业各项规章制度健全 | 不健全 –2 分 | |
| | 2 | 企业文化理念融入企业规章制度 | 未融入 –2 分 | |
| | 2 | 建立员工岗位责任制 | 未建立 –2 分 | |
| | 3 | 印发企业文化手册（或员工手册） | 未印发 –3 分 | |
| | 3 | 制定企业文化建设相关制度 | 未制定 –3 分 | |

续表

| 指标分类 | 分值 | 考评内容 | 评分标准 | 得分 |
|---|---|---|---|---|
| 物质文化 | 4 | 按照集团 VI 手册要求建立视觉识别系统 | 未按要求建立 –4 分 | |
| | 4 | 企业标识使用规范 | 未规范使用 –4 分 | |
| | 2 | 制定员工行为规范 | 未制定 –2 分 | |
| | 4 | 挖掘、整理、传播企业文化故事 | 未挖掘、整理、传播 –2 分 | |

**附表六：企业文化建设效果评价体系自评表**

| 指标分类 | 分值 | 考评内容 | 评分标准 | 得分 |
|---|---|---|---|---|
| 企业凝聚力 | 2 | 员工对企业文化理念的认同度 | 认同度较低 –2 分 | |
| | 2 | 员工对企业发展战略的认知度 | 认知度较低 –2 分 | |
| | 2 | 员工对与本职工作相关的企业规章制度的认可度 | 认可度较低 –2 分 | |
| | 2 | 企业维护员工合法权益的情况 | 维护不到位 –2 分 | |
| | 2 | 员工对在企业中实现自身价值的满意度 | 满意度较低 –2 分 | |
| | 2 | 近三年企业职工到上级机关上访等群体性事件的情况 | 发生 –2 分 | |
| 企业执行力 | 2 | 员工遵守企业规章制度的情况 | 总体情况较差 –2 分 | |
| | 2 | 员工在工作中形成良好的行为规范和习惯 | 总体未形成 –2 分 | |
| | 2 | 员工爱岗敬业的精神状态 | 总体状态较差 –2 分 | |
| | 2 | 近三年企业领导班子成员中违规、违纪的情况 | 有违规、违纪 –2 分 | |

续表

| 指标分类 | 分值 | 考评内容 | 评分标准 | 得分 |
|---|---|---|---|---|
| 企业形象 | 4 | 客户对企业产品或服务的满意度 | 满意度较低 –4 分 | |
| | 2 | 近三年企业党的建设、思想政治工作、企业文化和精神文明建设方面获得党政机关授予的全国或省部级荣誉称号 | 未获得 –2 分 | |
| | 4 | 近三年企业先进典型情况（含集体、个人） | 未树立典型 –4 分 | |

# 参考文献

[1] 沙因. 企业文化生存与变革指南[M]. 马红宇,唐汉瑛,等译. 杭州:浙江人民出版社,2017.

[2] 科特,赫斯克特. 企业文化与绩效[M]. 王红,译. 北京:中信出版社,2019.

[3] 大内. Z理论[M]. 朱雁斌,译. 北京:机械工业出版社,2013.

[4] 沙因. 组织文化与领导力[M]. 陈劲,贾筱,译. 北京:中国人民大学出版社,2020.

[5] 迪尔,肯尼迪. 企业文化[M]. 李原,孙健敏,译. 北京:中国人民大学出版社,2020.

[6] 迪尔,肯尼迪. 新企业文化[M]. 孙健敏,黄小勇,等译. 北京:中国人民大学出版社,2015.

[7] 陈春花. 企业文化塑造[M]. 北京:机械工业出版社,2016.

[8] 王祥伍,黄健江. 企业文化的逻辑[M]. 北京:电子工业出版社,2014.

[9] 王明胤. 企业文化定位·落地一本通[M]. 北京:中华工商联合出版社,2016.

[10] 海融心胜. 36个拿来就用的企业文化建设工具[M]. 北京:中华工商联合出版社,2020.

[11] 马松有. 老HRD手把手教你做企业文化(实操版)[M]. 北京:中国法制出版社,2019.

[12] 王吉鹏. 企业文化诊断评估与考核评价[M]. 北京:企业管理出版社,2013.

[13] 黎群,李卫东. 中央企业企业文化建设报告2012[M]. 北京:中国经济出版社,2013.

[14] 柯林斯,波勒斯. 基业长青[M]. 北京:中信出版社,2019.

[15] 罗宾斯,等. 管理学(第11版)[M]. 李原,孙健敏,黄小勇,译. 北京:中国人民大学出版社,2012.

[16] 莱斯. 精益创业[M]. 吴彤译. 北京:中信出版社,2012.

[17] 本斯.引导：团队群策群力的实践指南[M].任伟译.北京：电子工业出版社，2019.

[18] 阿特金森，切尔斯.被赋能的高效对话[M].杨兰译.北京：华夏出版社，2019.

[19] 腾静，陈树冬，方奕，等.智慧职场拒绝黑天鹅[M].北京：中国民主法制出版社，2017.

[20] 赵曙明，赵宜萱.人才测评——理论、方法、工具、实务[M].北京：人民邮电出版社，2014.

[21] 王吉斌，彭盾.互联网+：传统企业的自我颠覆、组织重构、管理进化与互联网转型[M].北京：机械工业出版社，2015.